Anselm Grün
Vom Zauber des Augenblicks

Anselm Grün

Vom Zauber
des Augenblicks

HERDER

FREIBURG · BASEL · WIEN

INHALT

Vom Zauber des Augenblicks

Der Augenblick geht so schnell vorbei. Ich schaue schnell mit meinen Augen auf etwas. Und schon ist es wieder vorbei. Doch wer die Kunst beherrscht, ganz im Augenblick zu sein, für den bringt der Augenblick alles, wessen er bedarf. Er ist ganz gegenwärtig. Er ist einfach nur da, ohne Druck, sich beweisen zu müssen. Der Augenblick lehrt uns, einfach nur zu sein, genauso ursprünglich zu sein wie dieser eine Augenblick. Dann vermag uns der Augenblick zu bezaubern oder auch zu verzaubern. Wir genießen es, einfach zu sein. Das reine Sein ist eine tiefe Erfahrung des Menschen.

Platon, der größte griechische Philosoph, meint, Gott sei das reine Sein. Wenn wir einfach im Augenblick sind, haben wir teil am reinen Sein Gottes. Und dann erleben wir etwas vom Zauber des Augenblicks. Dann ist dieser eine Augenblick, in dem ich einen Menschen anschaue, voller Zauber. Oder ich bleibe beim Spazierengehen im Wald stehen, höre in diesem Augenblick das Rauschen des Windes und das Singen der Vögel. Wenn ich ganz im Hören bin, dann verzaubert mich dieser Augenblick. Ich höre einfach und gehöre mir selbst, gehöre dem Geheimnis des Klangs, dem Geheimnis des Seins. Oder ich bleibe stehen und schaue mir den Baum an, wie er sich mit seinen Wurzeln an den Felsen krallt. Ich schaue und werde im Schauen eins mit dem, was ich schaue. Ich schaue tiefer. Ich blicke durch. Ich brauche meine Augen nicht mehr herumschweifen zu lassen. Dieses reine Schauen zeigt mir alles, wonach sich meine Seele sehnt. Und ich schaue mich selbst in dem, was ich außen erschaue.

Aber es braucht auch Übung, um den Zauber des Augenblicks zu erleben. Ich übe mich ein, ganz gegenwärtig zu sein, achtsam zu sein. Ich achte auf das, was ich tue, auf das, was ich sehe, höre, rieche, betaste. Achtsamkeit hat mit Aufwachen zu tun. Wir wandeln oft schlaftrunken durch die Welt, nehmen alles nur halb wahr. Mystik – so meint der indische Jesuit de Mello – ist Aufwachen zur Wirklichkeit. Ich wache auf und nehme die Wirklichkeit so wahr, wie sie ist. Dann erkenne ich den Zauber in allen Dingen. Aufwachen hat damit zu tun, dass ich mit meiner Sehnsucht in Berührung komme. Marcel Proust, der französische Schriftsteller, meint einmal: „Sehnsucht lässt die Dinge erblühen." Wenn ich mit Sehnsucht auf die Blume schaue, auf den Baum, auf die Wolken am Himmel, auf den Menschen, dem ich begegne, dann blüht alles um mich herum auf. Ich erkenne in der Blume meine Sehnsucht nach Schönheit, in den Wolken meine Sehnsucht nach Heimat, im Menschen meine Sehnsucht nach Liebe. Und in der Sehnsucht nach Liebe ist schon Liebe, in der Sehnsucht nach Heimat ist schon Heimat.

So wünsche ich dir, liebe Leserin, lieber Leser, dass du mit wachen Augen achtsam jeden Augenblick wahrnimmst. Dann wirst du den Zauber entdecken, der im Augenblick liegt.

I

Vom Zauber des Augenblicks

Wer es gelernt hat,
ganz im Augenblick zu sein,
ganz gegenwärtig zu sein,
der darf immer wieder
das Glück berühren.

Jeder Augenblick ist einmalig und einzigartig. Er wiederholt sich nicht. Jeder Augenblick verabschiedet sich vom nächsten, der auf ihn folgt. Er ist unwiederbringlich vorbei. Daher ist der Augenblick auch eine Einladung an mich, ihn auszukosten, ihn zu nutzen. Der Augenblick ist die einzige Zeit, die mir zur Verfügung steht, für die ich Verantwortung übernehme. Wenn der Augenblick vorbei ist, ist er schon Vergangenheit. Die Vergangenheit vermag ich nicht mehr zu ändern. Doch meine Einstellung zur Vergangenheit, die kann ich selbst gestalten. Die beste Einstellung zur Vergangenheit ist, dankbar zurückzuschauen auf die Augenblicke, in denen ich ganz gegenwärtig war, ganz eins mit mir selbst. Bei der Rückschau werde ich natürlich auch Augenblicke entdecken, die einfach nur an mir vorbeigegangen sind, in denen ich die Chance verpasst habe, die darin lag, bewusst und wach zu leben. Dann hat es wenig Sinn, mir Vorwürfe zu machen. Besser ist es, die versäumten Augenblicke zu betrauern und mich damit auszusöhnen, dass ich manches in meinem Leben nicht verwirklicht habe, dass ich viele Gelegenheiten ausgelassen habe. Wenn ich meine verpassten Chancen betraure, komme ich auch in Berührung mit dem, was jetzt in diesem Augenblick möglich ist. Ich söhne mich aus mit meiner Vergangenheit und werde offen für den nächsten Augenblick.

Ich lebe weder in der Vergangenheit noch in der Zukunft. Ich kann auch von der Zukunft träumen und dabei den Augenblick aus dem Auge verlieren, der jetzt gelebt werden möchte. Oder ich kann die Entscheidung, die mir jetzt in diesem Augenblick abverlangt wird, aufschieben. Manche sagen sich: „Warum heute, wenn nicht morgen?" Doch vor lauter Verschieben vertun sie die Chance des Augenblicks. Die Bibel spricht davon, dass jeder Augenblick zur Stunde des Heiles werden kann. Jeder Augenblick kann zur Zeit der Gnade werden. Der jüdische Philosoph Martin Buber meint: „Der Augenblick ist Gottes Gewand." Ich berühre im Augenblick Gottes Gewand. Aber ich kann den Augenblick auch missbrauchen, indem ich nur meine eigenen Bedürfnisse auslebe und nur um mich und meinen Erfolg und meine Macht kreise. Dann wird der Augenblick nicht zum Tag des Herrn, an dem mir Heil widerfährt, er wird dann nicht zur Glücksstunde, sondern zur versäumten Gelegenheit, zur verpassten Chance. Und wenn unser Leben aus lauter verpassten Chancen besteht, legt sich ein Schleier über unser Leben. Daher lädt uns jeder Augenblick ein, ihn zu ergreifen, ihn bewusst zu leben, damit er für uns erfüllte und gefüllte Zeit wird, damit wir den Zauber des Augenblicks erleben.

Ein kurzer Blick

Das Wort „Augenblick" meint ursprünglich den schnellen Blick der Augen, also eine kurze Zeitspanne, Zeit, die man nicht festhalten kann. Die Lateiner sprechen vom „ictus oculi", vom Augenschlag. Sie denken dabei an die Bewegung der Lider. Die deutsche Sprache bezieht sich jedoch auf das Schauen. Aber es ist kein Schauen, bei dem ich verweilen kann, sondern ein kurzer Blick, der schnell vorbei ist. Ich habe gerade hingeschaut, und schon ist das, was ich geschaut habe, vorübergegangen. Ich kann es nicht mehr sehen. Ich schaue nur auf das, was mich fasziniert, was meinen Blick auf sich zieht, auf etwas Interessantes und Anziehendes. Von diesem Augenblick sagt Goethe:

Zum Augenblicke dürft ich sagen:
Verweile doch, du bist so schön.

Wir verbinden mit dem Augenblick immer schöne Momente. Denn wenn uns etwas abstößt, schauen wir lieber nicht hin. Doch wir können den Augenblick nicht festhalten. Schon im nächsten Moment ist er vorbei. Wir können uns nur daran erinnern, dass wir in diesem Augenblick etwas geschaut haben, was unser Herz berührt.

LIEBES-BLICK

Wenn wir das Wort „Augenblick" meditieren, können wir es auch als den Blick der Augen verstehen, die auf uns schauen. Das deutsche Wort „Blick" kommt ursprünglich von „Blitz, Glanz, heller Lichtstrahl". In den Augen eines anderen Menschen kommt mir ein Leuchten entgegen, etwas Glänzendes. In der Begegnung schaut mich ein Mensch mit seinen Augen an. Und schon oft hat mich so ein „Augen-Blick" verzaubert, vor allem, wenn es ein Liebes-Blick war. Menschen, die sich verliebt haben, erzählen manchmal, dass es Liebe auf den ersten Blick war. Sie haben sich angeschaut, und in diesem Augenblick wussten sie, dass sie füreinander geschaffen sind. Wir dürfen beim „Augen-Blick" aber auch an die liebenden Augen Gottes denken. Beim Propheten Jesaja sagt Gott zu jedem von uns: „Du bist kostbar in meinen Augen, wertvoll, und ich habe dich lieb" (*Jes 43,4*). Gottes Augen blicken auf mich, nicht um mich zu kontrollieren, sondern weil sie mich lieben. Gottes Augen begleiten mich. Sie zeigen mir, dass ich in keinem Augenblick allein gelassen bin. Immer bin ich unter Gottes guten Augen. Gottes Augen bringen Licht und Glanz in mein Leben. Sie ruhen auf mir, sie umgeben mich mit Liebe und Licht. Wenn ich darum weiß, wird jeder „Augen-Blick" zu einem erfüllten Augenblick, zu einer Begegnung mit dem Gott der Liebe.

Es gibt viele Sprichwörter, die das Geheimnis des Augenblicks beschreiben. Außerdem gibt es ähnliche Weisheiten in vielen anderen Sprachen. Offensichtlich haben die Menschen seit jeher das Geheimnis des Augenblicks bedacht. Eine Weisheit drückt sich in dem kurzen Satz aus: „Augenblick gibt das Glück." Das Glück lässt sich nicht festhalten. Wir können es nur im Augenblick erfahren. Und umgekehrt gilt: Wer es gelernt hat, ganz im Augenblick zu sein, ganz gegenwärtig zu sein, der darf immer wieder das Glück berühren. Doch die Sprichwörter künden nicht nur vom Glück des Augenblicks, sondern auch von der Gefahr, dass ich den Augenblick versäume, verschlafen, übergehen kann. Dann gilt: „Den versäumten Augenblick bringt kein Wunsch zurück." Wenn ich in diesem Augenblick nicht wach bin, wenn ich ihn verstreichen lasse, ohne dass ich gegenwärtig war, dann kann ich mich noch so sehr anstrengen. Ich werde den Augenblick nicht wiederholen können. Ich habe ihn verpasst.

DEN MOMENT NUTZEN

Der Augenblick lädt nicht nur dazu ein, ihn wahrzunehmen, ihn anzuschauen und darin anwesend zu sein. Oft ist der Augenblick auch die Gelegenheit, etwas anzupacken. Der deutsche Bundeskanzler Helmut Kohl hat den Augenblick genutzt, in dem die Wiedervereinigung Deutschlands möglich war. Wenn er diesen Augenblick verschlafen hätte, wäre dieser vielleicht nicht wieder gekommen. So sagt ein Sprichwort: „Einen Augenblick gestanden bringt viel Gewinn abhanden." Wenn ich dann, wenn Handeln angebracht wäre, müßig stehen bleibe und warte, bis alle mir zugestimmt haben, dann versäume ich viel. Und das, was ich bisher als Gewinn in meinem Leben erarbeitet habe, kommt mir abhanden. Es zerrinnt mir zwischen den Fingern. Es braucht Mut, im richtigen Augenblick zuzupacken. Wir erleben immer wieder solche Augenblicke. Da wird uns ein Angebot gemacht, eine Stelle anzutreten oder ein Haus zu kaufen. Aber es ist keine Zeit, zu überlegen. Wir müssen uns im Augenblick entscheiden. Wir haben keine Zeit, unsere Bedenken und Zweifel zu prüfen. Es gibt Augenblicke, in denen wir nicht stehen bleiben dürfen, sondern voll Vertrauen ergreifen müssen, was sich uns anbietet. Sonst wird uns das, was wir bisher erarbeitet haben, in einem Augenblick aus der Hand genommen.

Im Hier und Jetzt

Der heilige Benedikt mahnt seine Mönche, dass sie den Augenblick, in dem sie leben, nützen sollen: „Jetzt müssen wir laufen und tun, was uns für die Ewigkeit nützt" (*Regel des hl. Benedikt, Prolog 44*). Wir sollen im Hier und Jetzt leben, im „hic et nunc", wie die Lateiner sagen. Wie wir hier und jetzt leben, das ist entscheidend auch für die Ewigkeit. Die Zeit, in der wir leben, ist uns von Gott geschenkt als Zeit der Bewährung und als Zeit, in der wir uns für Gott öffnen, damit er uns dann im Tod, wenn die Zeit aufhört, für immer aufnimmt in sein Licht. Es gibt Menschen, die alles auf die lange Bank schieben. Benedikt ist davon überzeugt, dass wir hier und jetzt leben und das tun sollen, was der Augenblick von uns fordert. Gott spricht zu uns im Augenblick. Wenn wir einem Menschen in Not begegnen, ist jetzt der Augenblick, zuzupacken und zu helfen. Es sind viele Augenblicke, in denen sich die Gelegenheit bietet, das zu tun, worauf es ankommt, die Liebe zu üben, zu der uns Jesus aufgerufen hat.

ALLES HAT SEINE ZEIT

Der Prediger der Weisheit, Kohelet, hat ein berühmtes Gedicht über die Zeit geschrieben: „Alles hat seine Stunde. Für jedes Geschehen unter dem Himmel gibt es eine bestimmte Zeit: eine Zeit zum Gebären und eine Zeit zum Sterben, eine Zeit zum Pflanzen und eine Zeit zum Abernten der Pflanzen" (*Koh 3,1f*). Es kommt darauf an, den rechten Augenblick zu ergreifen. Ich brauche ein Gespür, ob jetzt der Augenblick zum Säen oder zum Ernten ist. Ich kann nicht zur Unzeit säen oder ernten, sondern nur im rechten Augenblick, den mir der Rhythmus der Natur und das augenblickliche Wetter anbieten. Die Natur lehrt uns, uns auf den richtigen Augenblick einzustellen und die Verschiedenheit der Zeit zu akzeptieren. Wir können nicht alles zu jeder Zeit. Jede Zeit hat ihre eigene Qualität. Die muss berücksichtigt werden, damit unser Leben in der Zeit gelingt. Wir können die Zeit des Aberntens nicht im Voraus bestimmen und im Kalender festmachen. Wir müssen uns nach dem Reifegrad der Frucht richten und genau hinschauen, wann der rechte Augenblick gekommen ist. Nur dann wird die Ernte gelingen, wenn wir ein Gespür für die richtige Zeit haben. Wer erntet, bevor die Frucht gereift ist, wird daran keine Freude haben.

Das Gespür für den rechten Augenblick gilt auch für die menschlichen Beziehungen. Ich kann einem anderen nicht zu jeder Zeit alles sagen. Ich muss den rechten Augenblick abwarten, um mit dem Ehepartner das zu besprechen, was mir schon lange auf dem Herzen liegt. Wenn ich im Affekt oder in einer hektischen Situation das anspreche, was mich bewegt, wird es falsch ankommen und die Beziehung stören. Wenn ich mit einem Mitarbeiter etwas bereden möchte, kann ich nicht einfach bei ihm in seine Arbeit hineinplatzen und mein Anliegen loswerden. Ich brauche das Gespür, wann es stimmig ist, wann der rechte Augenblick gekommen ist. Es braucht einen Augenblick der Ruhe und Entspannung, einen Augenblick des Wohlwollens und der Offenheit. Nur in solchen Augenblicken wird das, was ich besprechen möchte, gut beim anderen ankommen. Ich kenne Menschen, die lange warten, bis sie den anderen ansprechen. Wenn dann der rechte Augenblick gekommen ist, dann zögern sie. In ihrem Kopf melden sich viele Bedenken, ob es denn wirklich die richtige Zeit ist. Und schon ist der Augenblick vorbei. Es braucht dann auch die Entschiedenheit, den rechten Augenblick wahrzunehmen und den anderen anzusprechen.

Alles nicht genug?

Die frühen Mönche haben auf ihrem asketischen Weg versucht, im Schweigen eins mit Gott zu werden. Sie wussten darum, dass nur der mit Gott eins werden kann, der auch eins ist mit sich selbst und mit dem Augenblick. Evagrius, einer der frühen Mönchsschriftsteller, kennt aber auch die Unfähigkeit mancher Mönche, im Augenblick zu leben. Er nennt diese Unfähigkeit: „Akedia". Da ist ein Mönch, der liest in der Bibel. Dann ärgert er sich, dass das Licht so schlecht ist. Er wird müde beim Lesen, legt sich hin, steht wieder auf, weil er nicht richtig schlafen kann, schaut zum Fenster, ob nicht bald jemand kommt. Er schimpft, dass die Mitbrüder so hartherzig sind und ihn allein lassen. Er geht zurück in seine Zelle. Da ist alles feucht. Dann jucken ihn seine Kleider. Er möchte am liebsten aus der Haut fahren. Er ist unzufrieden, in sich zerrissen. Er hat weder Lust zu beten noch zu arbeiten noch nichts zu tun. Er ist unfähig, im Augenblick zu sein. Er möchte immer woanders sein. Dort, wo er jetzt ist, ist alles nicht gut genug.

Evagrius nennt die Akedia den gefährlichsten Dämonen, weil er die menschliche Seele zerreißt. Der Mönch, der von der Akedia heimgesucht wird, verliert seine Mitte. Er kann sich nicht mehr einlassen auf den Augenblick. Und er sucht bei anderen die Schuld für seine Zerrissenheit. Seine feuchte Zelle ist schuld, dass er es darin nicht aushalten kann. Die Mitbrüder, die ihn nicht besuchen, rauben ihm den Frieden. Evagrius rät uns, in der Zelle zu bleiben, dort zu bleiben, wo wir gerade sind. Wir müssen uns selbst aushalten. In der Zelle zu bleiben kann uns lehren, auch im Augenblick zu sein. Wir können vor uns und vor dem Augenblick nicht mehr davonlaufen. Wenn wir uns so durch die äußere Disziplin der Zelle darin einüben, auch wieder im Augenblick zu sein, kommen wir in die eigene Mitte, und wir werden offen, Gott zu begegnen, der ja schon da ist, wo wir sind, und der uns jetzt in diesem Augenblick ansprechen und berühren möchte.

Um den Zauber des Augenblicks zu erleben, bedarf es der Aufmerksamkeit und Achtsamkeit. Das deutsche Wort „achtsam" kommt von der indogermanischen Wurzel „ok", das „nachdenken, überlegen" bedeutet. Achtsam ist also der, der bei dem, was er tut, überlegt, was da eigentlich geschieht. Er lebt nicht gedankenlos dahin, sondern ist ganz im Augenblick. Er überlässt sich nicht einfach seinen Gedanken, er geht nicht in den Räumen seiner Fantasie spazieren, sondern achtet auf den Augenblick und auf das, was er gerade tut. Wenn ich auf meinen Atem achte, bin ich achtsam und verweile jetzt in diesem Augenblick. Wenn ich achtsam jeden Schritt vollziehe, dann kann ich den Augenblick genießen. Ich brauche gar keine Konzentrationsübung, keine Anstrengung. Ich gehe einfach und bin ganz in meinen Schritten. Ich nehme wahr, dass ich mit jedem Schritt die Erde berühre und wieder von ihr abhebe. Dieses achtsame Gehen, Stehen und Sitzen lässt mich den Reichtum des Augenblicks erahnen. Ich habe alles, was ich brauche. Brauchen ist immer Ausdruck von Mangelerfahrung. Das Haben braucht, aber nicht das Sein. Wenn ich im Sein bin, ist alles gut.

Die Sinne helfen uns, im Augenblick zu sein. Wenn ich auf einer Bank sitze und in die Landschaft schaue, bin ich im Augenblick. Ich blicke nicht neugierig umher, ob ich etwas Neues entdecke. Ich schaue und werde im Schauen eins mit dem Geschauten. Ich bin nur im Schauen. Dann bin ich gegenwärtig, dann ist reine Gegenwart. Es ist eine Kunst, so zu schauen. Es gibt Menschen, die sich in einem Museum vor ein Bild setzen und einfach nur schauen. Sie lassen das Bild auf sich wirken, sie bilden es in sich ein. Für sie vergeht die Zeit. Die Zeit steht still, sie sind im reinen Jetzt. In Dörfern begegnen wir noch alten Menschen, die auf der Bank vor ihrem Haus sitzen und nur schauen. Sie warten nicht ungeduldig auf jemanden, der sich zu ihnen setzt. Sie sitzen und schauen. Sie scheinen das, was sich ihnen darbietet, zu betrachten. Aber oft ist ihr Blick nach innen gerichtet. Sie schauen nach innen, nach dem, was sich in ihrem Innern als Erinnerung zeigt. Das im Schauen auf sich wirken zu lassen, das genügt ihnen.

Hören geschieht immer im Augenblick. Indem ich den Ton höre, zieht er schon an mir vorüber. Ich kann die Töne nicht festhalten. Ich überlasse mich dem Hören, lasse die Musik in mich eindringen und versuche, mich in jedem Augenblick auf die neuen Töne und Melodien einzulassen. Ich fühle mich eingehüllt in eine geheimnisvolle Melodie. Aber ich vermag sie nicht zu greifen. Ich kann mich nur dem Hören überlassen und darauf achten, was die Musik in meinem Herzen bewegt. Nach dem Hören werden manche Melodien noch weiter in mir nachklingen. Aber dieses Nachklingen ist etwas anderes als das bewusste Hören im Augenblick. Nur im Augenblick dringt die Musik in mich ein und eröffnet mir oft einen Augenblick der Ekstase. Manchmal sind es Augenblicke, in denen ich etwas von Gott spüre. In der Musik berührt mich Gott selbst. Aber ich kann nicht über ihn verfügen. Nur in diesem einen Augenblick ist Gottes Klang in mir erklungen. Darin liegt Seligkeit, aber eine, die sich nicht besitzen lässt.

VERKÖSTIGUNG

Ein sehr emotionaler Sinn ist für mich auch das Riechen. Wenn ich Heu rieche, ist sofort die Ministrantenfreizeit in meinem Innern präsent, die der Pfarrer mit uns Kindern durchgeführt hat. Und ich erlebe oft, wie ein bestimmter Geruch bei Menschen eine intensive Erinnerung an beglückende, aber auch an bedrückende Augenblicke wachruft. Das Riechen verbindet uns mit der Vergangenheit. Wir können aber auch versuchen, jetzt ganz im Riechen zu sein. Wenn ich durch einen Wald gehe, rieche ich gerne den Waldgeruch. Und ich mache den Mitwanderer auf den eigenartigen Geruch aufmerksam. Dann riechen wir gemeinsam. Da entsteht dann reine Gegenwart. Ähnlich ist es, wenn wir den ersten Schluck Rotwein genießen. Dann sind wir ganz im Schmecken. Der Augenblick muss verkostet werden. Sonst kann ich den Geschmack des Weines nicht wahrnehmen. Und es braucht Zeit, auch dem Geschmack nachzuspüren. In diesem Spüren steht die Zeit still. Der Geschmack will den ganzen Leib durchdringen.

HÄNDE, DIE SICH BERÜHREN

Wir geben uns oft die Hände, um uns zu begrüßen. Doch oft sind es flüchtige Berührungen. Wir haben nachher keine Erinnerung mehr an die Hände des anderen. Doch es gibt auch einen Händedruck, der uns aus dem Oberflächlichen äußerer Kontaktaufnahme herausreißt. Auf einmal spüre ich den anderen. Ich berühre seine Hand und in der Hand diesen Menschen in seiner Einmaligkeit. Für einen Augenblick halte ich sie bewusst fest und spüre das Geheimnis dieses Menschen in seiner Hand. Ich kann mich an den Händedruck eines alten Gastpaters auf dem Berg Athos erinnern. Das war nicht einfach nur ein äußerer Händedruck. In diesen Händen spürte ich Liebe und Angenommensein. Ich war diesem alten Mann willkommen. Er vermittelte mir mit seinen Händen, dass es nicht so wichtig ist, sich sprachlich zu verstehen. Die Hände verbinden uns auf eine Weise, die tiefer liegt. Worte können missverstanden werden. Ein zärtlicher Händedruck ist unmissverständlich. Da berühre ich die Person des anderen. Da fallen alle Vorurteile in sich zusammen. Es ist reine Begegnung. Die Hände, die sich berühren, öffnen auch die Augen für diesen einzigartigen Menschen, dessen Hand ich in meiner Hand halte.

IM ATEM SEIN

Der Atem ist ein guter Weg, ganz im Augenblick zu sein. Manchmal setze ich mich still in meine Gebetsecke und achte auf meinen Atem. Ich brauche gar nichts zu denken. Ich bin einfach nur in meinem Atem. Ich atme ein und aus und folge dieser Bewegung meines Atems. Ich spüre einfach nur, wie ich da bin. Ich bin ganz im Atem. Ich bin Atem. Ich bin ganz im Augenblick. Aber im Atem spüre ich auch, wie jeder Augenblick vergeht. Ich halte den Atem nicht fest. Wenn ich eingeatmet habe, folgt schon das Ausatmen. Ich lasse den Atem los und mit ihm jeden Augenblick. Ich spüre, wie im Ein- und Ausatmen auch jeder Augenblick kommt und vergeht. Ich bin einfach nur in dieser Bewegung. Wenn ich mir dann vorstelle, dass ich nicht nur Luft einatme, sondern letztlich den Geist Gottes, die Liebe Gottes, die im Atem meinen ganzen Leib durchströmen möchte, dann wird der Augenblick für mich erfüllte Zeit. Ich bin ganz und gar erfüllt von Gottes Liebe. Ich muss sie nicht festhalten. Sie kommt und geht mit jedem Atemzug. Jeder Augenblick ist ein Blick der liebenden Augen Gottes.

II

Vom Zauber des Alltäglichen

Die Art, wie jeder mit seiner Aktentasche umgeht, sagt immer auch etwas über ihn und seine Seele aus. Die Behutsamkeit im Umgang mit der Tasche verheißt auch eine gute Qualität des Gesprächs.

ALLE DINGE ACHTEN

Der heilige Benedikt fordert vom Cellerar, dem wirtschaftlichen Leiter des Klosters: „Alle Geräte und den ganzen Besitz des Klosters betrachte er als heiliges Altargerät" (*RB 31,10*). Für ihn gibt es keinen Unterschied zwischen profan und sakral, zwischen einem rein weltlichen Ding und einem heiligen Gerät. Es bedarf der Achtsamkeit und der Behutsamkeit im Umgang mit den Dingen. Benedikt schärft das dem Cellerar auch ein im Kapitel „Vom Werkzeug und Gerät des Klosters" (*RB 32*). Er soll darauf achten, dass die Brüder sorgfältig und gewissenhaft mit den Dingen umgehen. Das ist nicht nur ein Gebot der Sparsamkeit. Für ihn ist es eine spirituelle Frage. Denn in der Art und Weise, wie ich mit den Dingen umgehe, zeigt sich meine Spiritualität. Wer sein Werkzeug achtlos oder gar brutal behandelt, der offenbart damit seine innere Härte und Gefühllosigkeit. Er mag vielleicht fromme Gedanken äußern, aber seine Spiritualität ist nur im Kopf, nicht in seinen Händen. Doch nur, wenn sie auch in seinen Händen ist, ist sie echt. Benedikts Spiritualität ist eine geerdete Spiritualität. Sie formt nicht nur die Erde. Sie drückt sich auch im Umgang mit der Erde, mit dem Irdischen aus.

In den Meditationen möchte ich diese Spiritualität in unseren Alltag hinein konkretisieren. Es ist eine etwas spielerische Weise der Spiritualität, die hier zum Ausdruck kommt. Ich wünsche dir, dass die Gedanken dich anregen, mitten im Alltag Gott zu begegnen, auch in scheinbar unauffälligen und banalen Dingen, mit denen du zu tun hast.

WERTSCHÄTZUNG

Das Markenzeichen eines Mitbruders ist seine uralte Aktentasche. Sie hat er vom Vater geerbt. Der hatte sie schon mit sich herumgetragen. Sie ist mehr als ein Behälter für die Bücher und das Arbeitsmaterial. Sie erinnert ihn an den Vater und an die Achtsamkeit, mit der er sie behandelt hat. So geht er mit ihr wie mit heiligem Altargerät um. Sie erinnert ihn an das, was ihm heilig ist: an die Sorge des Vaters für die Familie, an die Lebensweisheit, die der Vater im Umgang mit geschäftlichen Dingen an den Tag legte, an die Achtung, die er den Dingen gegenüber hatte. Vertreter und Anlageberater bringen heute wesentlich größere Aktentaschen mit, wenn sie zu mir ins Büro kommen. Da beobachte ich auch, wie sie oft behutsam mit ihr umgehen, wie sie stolz sind, dass da alles hineinpasst, was sie zur Beratung brauchen. Die Art, wie jeder mit seiner Aktentasche umgeht, sagt immer auch etwas über ihn und seine Seele aus. Die Behutsamkeit im Umgang mit der Tasche verheißt auch eine gute Qualität des Gesprächs.

HEILSAME UNTERBRECHUNG
DES ALLTAGS

Wenn ich nach einem Vortrag spät nach Hause komme, freue ich mich auf mein Bett. Es lädt mich ein, zu schlafen und auszuruhen. Es schenkt mir auch Geborgenheit. Bei den Vorträgen stand ich mitten unter den Menschen. Jetzt bin ich allein. Ich kuschele mich in mein Bett und genieße das Alleinsein. Und ich lasse mich in Gottes Hände fallen. Ich stelle mir vor, wie sie mich tragen. Ich muss nichts leisten. Die Termine für morgen sind nicht wichtig. Niemand will etwas von mir. Ich bin einfach getragen, geborgen, angenommen, von Gottes guten Händen zärtlich berührt. Seit dem Studium in Rom ist mir auch die mittägliche Siesta eine heilige Zeit. Nach dem Mittagessen lege ich mich eine halbe Stunde ins Bett. Ich kreuze die Hände über der Brust und genieße es, dass die Konflikte des Vormittags in der Verwaltung jetzt keinen Zutritt haben. Es ist wie eine heilsame Unterbrechung. Da komme ich mit mir in Berührung. Ich genieße es, einfach loszulassen, mich fallen zu lassen, auszuruhen, nur da zu sein.

FLIESSENDE GEDANKEN

Wenn ich einen Vortrag oder eine Predigt ausarbeite, schreibe ich mit meinem Kugelschreiber einfach spontan die Gedanken auf, die mir da hochkommen. Beim Telefonieren schreibe ich mir die wichtigsten Dinge auf, die ich mir merken muss. Und nach Vorträgen muss ich oft viele Bücher signieren. Ich kann nicht mit jedem Kugelschreiber schreiben. Wenn zu viel Metall dran ist, spüre ich Widerwillen. Das ist mir zu kalt. So habe ich meine Lieblingskugelschreiber, mit denen ich gerne schreibe. Allerdings haben die auch die Eigenart, dass sie sich einfach davonmachen. Ich finde sie nicht mehr. Wenn ich mit dem angenehmen Kugelschreiber arbeite, strömen die Gedanken leichter als bei einem unbequemen Schreibgerät. Die angenehme Körperhaltung, ein Kugelschreiber, der mir gut in der Hand liegt, all das ist wichtig, damit auch die Gedanken fließen, damit ich gerne schreibe, damit auch ins Schreiben Liebe einfließen kann.

OHNE LESEN WÄRE DAS LEBEN ÄRMER

Als ich meine erste Lesebrille bekam, habe ich mich anfangs geniert, sie überhaupt aufzusetzen. Ich kam mir komisch vor mit der Brille. Vielleicht war das der Grund, dass ich sie ständig liegen ließ. Jetzt achte ich auf meine Brille wie auf heiliges Altargerät. Ich weiß, wie wichtig sie für mich ist. Ohne sie kann ich nicht lesen. Wenn ich ein Buch lese, muss ich erst meine Brille putzen. Nur so kann ich ungestört und mit Freude das Buch lesen, das ich mir gerade ausgesucht habe. Ich bin dankbar, dass die Buchstaben nicht verschwimmen, sondern klar und deutlich erkennbar sind. So wird das Lesen zum Vergnügen. Ich habe meine Brille immer in der gleichen Habittasche. So brauche ich nicht irgendwo zu suchen. Sie gehört zu mir. Ich gehe behutsam mit ihr um. Sie ist empfindlich. Nur wenn ich achtsam bin, bekommt sie keine Kratzer. Ich bin dankbar für sie. Denn ohne sie könnte ich nicht lesen. Und ohne Lesen wäre mein Leben ärmer. Im Lesen tauche ich ein in eine andere Welt, in die Welt des Geistes, in die Welt Gottes.

Bevor ich in die Verwaltung gehe, lese ich morgens eine Dreiviertelstunde. Ich suche mir immer sorgfältig ein Buch aus, das ich vom Anfang bis zum Ende lese. Ich tauche ein in eine andere Welt. Das gibt meinem Leben eine andere Dimension. Ich gehe nicht auf im Alltäglichen. Im Buch habe ich Anteil am Denken anderer Menschen, am Denken früherer Zeiten. Das bereichert mein eigenes Denken. Ich frage mich, wie Menschen auf die Idee kommen, so etwas zu schreiben. Was ist die Erfahrung, die dahinter steht? Ich bin dankbar für die Bücher, die ich in meiner Zelle habe. Auf die kann ich immer wieder zurückgreifen. Das Lexikon für Spiritualität ist mir so ein liebes Buch, das mir zu manchen Stichworten Anregungen gibt, damit ich selbst weiter denken kann. Oder ich greife immer wieder zu den Evangelienkommentaren. Manche Bücher sind vertraute Begleiter seit langer Zeit. Seit dem Studium begleiten sie mich. Und immer wieder lese ich neu darin. Ohne Bücher wäre meine Welt wesentlich ärmer.

Meine Bücher schreibe ich auf dem Computer, auf dem PC, den ich in meiner Klosterzelle habe. Ich bin dankbar für dieses moderne Werkzeug. Früher musste ich alles mit der Hand schreiben. Denn ich konnte nicht direkt in die Schreibmaschine schreiben. Das war zu endgültig. Am Computer kann ich experimentieren. Beim Schreiben kommen die Gedanken. So freue ich mich, am Dienstag und Donnerstag morgens mich um 6.00 Uhr an den Computer zu setzen und zu schreiben, was gerade fließen möchte. Und ich bin dankbar, dass mich mein PC nicht im Stich lässt. In der Verwaltung habe ich einen anderen Computer. Mit dem liege ich manchmal schon im Streit, wenn die E-Mail nicht funktioniert oder sich auf einmal die Buchstaben zusammenziehen. Da erst merke ich, dass es nicht selbstverständlich ist, dass ich ungestört schreiben kann. Deshalb behandle ich meinen PC auch behutsam. Er kann keine groben Hände vertragen. Er will mit zarten Händen und mit einem wohlwollenden Herzen bedient werden.

Mein Auto fährt mich sicher an die vielen Orte, an denen ich Vorträge halten muss. Ich bin dankbar, dass es immer gut gewartet ist. Unser KFZ-Meister, Br. Leander, sorgt dafür. Bevor ich abfahre, bitte ich Gott um Segen und um den Schutzengel, der mich auf der Fahrt beschützt. Doch neulich sprang mir mitten auf den Autobahn der Gang heraus. Nur mit Mühe kam ich ans Ziel. Das Getriebe war defekt. Da ist mir wieder aufgegangen, dass es nicht selbstverständlich ist, immer sicher und gut ans Ziel zu kommen. Im Auto habe ich kein Handy. Da erlebe ich eine Art Klausur. Da bin ich ungestört. Ich kann mich den eigenen Gedanken hingeben oder meditieren. Oder ich kann unterwegs die Nachrichten hören und den Verkehrsfunk. So bin ich im Auto mitten in der Welt und bin doch geschützt in einer Klausur, die mich dieser Welt entzieht.

Wurzeln des Lebensbaums

In meiner Klosterzelle habe ich auf dem Schreibtisch ein Bild meines verstorbenen Vaters und ein Bild meiner verstorbenen Mutter. Sie erinnern mich daran, dass ich den Eltern viel verdanke. Die gesunden Wurzeln, aus denen mein Lebensbaum emporwächst, gründen nicht nur in Gott, sondern auch in ihnen. Wenn ich ihre Bilder anschaue, komme ich in Berührung mit dem, was sie verkörpert und woraus sie gelebt haben. Und ich fühle mich von ihnen begleitet. Die schützende Kraft meines Vaters ist bei mir. Er stärkt mir den Rücken. Der verständnisvolle Blick meiner Mutter erinnert mich daran, auf mich achtzugeben und nicht alle Erwartungen der Menschen erfüllen zu müssen. Es ist nicht nur Gottes heilende Gegenwart, die mich umgibt, sondern auch das Wohlwollen der Eltern. Es befreit mich von dem Druck, mich mit meiner Arbeit beweisen zu müssen. Ich bin getragen von der Liebe Gottes und von der Liebe meiner Eltern. Die Fotos bringen etwas von ihrer Liebe in meine Klosterzelle.

Ich trage die Geldbörse immer in der gleichen Hosentasche. So brauche ich nicht lange zu suchen, wenn ich zahlen muss. Die Geldbörse gibt mir Sicherheit. Ich habe genügend Geld darin, um unterwegs zu tanken oder mir in einer Raststätte einen Cappuccino zu gönnen. Ich habe die wichtigsten Papiere darin. So gehe ich sorgfältig mit ihr um. Und ich bin dankbar dafür. Sie ist auch eine Energiequelle. Ich kann mir damit eine Stärkung leisten. Natürlich weiß ich auch um die Eigendynamik von Geld. Ich mache mir bewusst, dass Geld den Menschen dient und nicht dazu da ist, sich darüber zu definieren und sich dahinter zu verstecken. Geld steht im Traum für die eigenen Fähigkeiten, die ich habe. Meine Schwester erzählte mir, wie ihr im Liegewagen auf dem Weg nach Rom der Geldbeutel gestohlen wurde. Da war sie ganz auf das Wohlwollen anderer Menschen angewiesen. Die Geldbörse macht uns unabhängig und frei. So bin ich dankbar, dass sie mir noch nie gestohlen wurde und mir bisher sicheres Reisen ermöglichte.

GUT VERBUNDEN

In den ersten Klosterjahren war es uns nicht erlaubt, nach Hause zu telefonieren. Und wenn wir telefonieren mussten, dann war es kompliziert, über die Pforte nach draußen verbunden zu werden. Heute ist mit der Durchwahl oder gar mit dem Handy alles einfacher. Ich bin dankbar für die Telefonate mit meiner Mutter, in denen ich ihr sagen konnte, was ich ihr verdanke. Das Telefon hält die Verbindung mit meinen Geschwistern aufrecht. Doch in der Verwaltung wird das Telefon oft zur Plage. Gerade wenn ich einen Brief schreibe, klingelt ständig das Telefon. Und da kommen alle möglichen Menschen, die ich gar nicht kenne, an mich heran. Ich fühle mich manchmal ungeschützt. Umso wichtiger ist es für mich, den Telefonhörer bewusst in die Hand zu nehmen und mich auf das Gegenüber einzustellen. Und wenn ich keine Zeit habe für das Gespräch, dann ermöglicht mir der behutsame Umgang mit dem Hörer, freundlich auf meine Grenzen aufmerksam zu machen.

WÄRMENDES LICHT

Morgens nach dem Frühchor zünde ich vor meiner Christusikone ein paar Kerzen an. Sie geben dem Raum ein warmes Licht, in dem ich mich geborgen fühle. Eine Kerze begleitet mich monatelang bei meiner Meditation, bis sie abgebrannt ist. Und jede Kerze hat ihr Eigenleben. Die eine brennt gleichmäßig, bei der anderen muss ich immer nachhelfen, damit die Flamme nicht zu hoch wird und mein Zimmer voll rußt. Indem ich die Kerze anzünde, vergewissere ich mich, dass Gottes Liebe mich erfüllt. Ich weiß, dass Gottes Liebe nicht von der Kerze abhängt. Aber die Kerze ist für mich zum Symbol geworden für das milde Licht Gottes, das nicht verurteilt, sondern erhellt, das nicht alles mit grellem Licht ausleuchtet, sondern das mich wärmt und allem in mir und an mir einen neuen und angenehmen Glanz schenkt. Manchmal zünde ich die Kerze auch bewusst für einen anderen Menschen an. Solange die Kerze brennt, geht mein Gebet für den anderen zum Himmel. Die Kerze wird zum Ausdruck meines Denkens und meiner Liebe zu diesem Menschen. Und ich hoffe, dass das Licht auch seine innere Dunkelheit erhellt und Wärme in seine Kälte bringt.

BALLAST ABLEGEN

In den Papierkorb werfen wir oft sehr unachtsam den Abfall, alles, was wir nicht mehr brauchen können. Unser Hausmeister hat uns eingeimpft, dass wir den Müll sortieren sollen. Das führt dazu, dass man sich genau überlegt, was man in den Papierkorb werfen darf und was man anders entsorgen sollte. Der Papierkorb hat für mich aber noch eine andere Bedeutung. Ich kenne die Tendenz, manches aufzubewahren. Ich weiß ja nicht, ob ich es mal wieder brauchen kann. Es in den Papierkorb zu werfen ist ein Akt des Loslassens, des Abschiednehmens. So lädt mich mein Papierkorb immer wieder ein, mich von unnützem Ballast zu trennen, manches mutig dem Papierkorb anzuvertrauen, anstatt es irgendwo zu sammeln. Oft mache ich die Erfahrung, dass ich das, was ich gesammelt habe, dann doch irgendwann in den Papierkorb werfe. Ich hätte mir manche Arbeit erspart, wenn ich es früher losgelassen hätte. So ist der Papierkorb für mich ein Bild dafür, ob ich bereit bin, vieles loszulassen, um auf das eine zu achten, das notwendig ist: auf die innere Stimmigkeit und Durchlässigkeit für Gott.

GEBORGEN

Mit meinen Regenschirmen habe ich oft Pech. Entweder lasse ich sie irgendwo liegen, oder aber der Sturm ist so stark, dass er den Regenschirm beschädigt. So habe ich mir in letzter Zeit angewöhnt, sorgfältig mit meinem Regenschirm umzugehen, ihn immer am gleichen Ort aufzubewahren, damit er mir auch zur Verfügung steht, wenn ich ihn brauche. Manchmal meine ich, das bisschen Regen auch ohne Schirm zu überstehen. Denn der Schirm engt mich ein. Doch wenn ich den Mut habe, den Schirm aufzuspannen, spüre ich die Wohltat. Durch den Regen trocken zu wandern hat seine eigene Qualität. Ich bin trocken, trotz Regen. Ich rieche den Duft, den der Regen hinterlässt. Und ich höre das Prasseln des Regens, ohne dass er mir schadet. So wird der Regenschirm zum Gleichnis, dass ich mitten in den Turbulenzen geschützt bin. Schirm meint ursprünglich den Fellüberzug des Schildes, mit dem man sich gegen Feinde schützte. So verweist mich der Regenschirm auf den Schutz, den Gottes heilende Gegenwart mir schenkt, mitten in den Gefährdungen des Alltags.

DER SCHLÜSSEL ZUR SEELE

Manchmal steht bei uns im Kloster am Schwarzen Brett die Mitteilung, dass ein Mitbruder seinen Schlüsselbund vermisst. Für manche ist das bedrohlich, weil sie wichtige Schlüssel oder gar den Generalschlüssel an ihrem Bund haben. Erst wenn sie ihn vermissen, spüren sie, welche Bedeutung er für sie hat. Ohne Schlüsselbund fühlen sie sich unsicher und ungeschützt. Für mich hat der Schlüssel eine tiefere Bedeutung. Er sperrt mir Räume auf und zu. Er öffnet mir neue Räume in meiner Seele und oft schließt er mir auch die Tür auf zu einem anderen Menschen. Ich frage mich manchmal, wie ich den Schlüssel finden kann, der mir den Zugang zu einem anderen ermöglicht, der mir bisher nur verschlossen begegnet. In den O-Anthiphonen der Adventszeit wird Jesus als der Schlüssel Davids bezeichnet: „Du öffnest und niemand kann schließen. Du schließt, und keine Macht vermag zu öffnen." Und Jesus wird gebeten, mir den Kerker der Finsternis zu öffnen, damit das Licht Gottes eindringen kann in meine Seele.

TREUER DIENER

Von meinem Vorgänger in der Verwaltung habe ich einen großen Schreibtisch übernommen. Ihn hat unser Schreinermeister
vor über 50 Jahren geschaffen. Er leistet mir heute noch gute
Dienste. Er hat viele Fächer, in denen ich ablegen kann, was täglich ankommt. Trotzdem habe ich immer wieder Probleme, meinen Schreibtisch aufzuräumen. Es kommt einfach zu viel Post
an, die ich nicht jeden Tag aufarbeiten kann. Da bin ich froh,
dass meine Sekretärin immer wieder den Schreibtisch in Ord-
nung bringt. Aber ich bin dankbar, dass ich an diesem Tisch vieles in Kürze erledigen kann. Ich brauche keine langen Wege zu
gehen. Am Schreibtisch finde ich alles, was ich brauche. So bin
ich dankbar für diesen Schreibtisch. Und ich versuche, ihn so zu
pflegen, dass er mir noch lange dient. Es ist solide Schreiner-
arbeit. Sie wird lange halten, wenn ich behutsam damit umgehe.
Ich setze mich gerne an den Schreibtisch, um all das zu erledigen, was die Verwaltungsarbeit von mir erfordert. Er ist einfach
da und dient mir. Dafür bin ich ihm dankbar.

VERTRAUT

Wenn ich lese, brauche ich ein gutes Licht. Ich lese nicht gerne, wenn es zu dunkel ist. So bin ich dankbar für meine Schreibtischlampe. Sie gibt mir genügend Licht. Und sie leuchtet das Buch, das ich gerade lese, gut aus. So ist es für mich ein Vergnügen, zu lesen. Jeden Morgen nach dem Frühstück freue ich mich, bei gutem Licht lesen zu können. Es ist eine Sparleuchte, die in meiner Schreibtischlampe nun schon viele Jahre brennt. Nie ist sie kaputtgegangen. So bin ich dankbar, dass sie mir so gute Dienste leistet. Wenn ich in fremden Häusern zu Kursen bin und lesen möchte, dann merke ich erst, was ich an meiner Schreibtischlampe habe. So hege und pflege ich sie. Sie gehört zu meinem Zimmer. Sie ist Teil meiner persönlichen Einrichtung. Ich bin mit ihr vertraut. Und ich möchte keine neue. Denn sie gibt mir täglich die Gewissheit, dass sie mir das Licht spendet, das ich zu einem genussvollen Lesen brauche.

TÄGLICHES RITUAL

Jeden Tag lese ich die Tageszeitung. Ich brauche keinen Fernseher und auch kein Radio. Aber die Zeitung möchte ich nicht missen. Ich lese zuerst die regionale Zeitung, „Die Mainpost". Da erfahre ich das Wichtigste in der Politik, aber ich kann auch kurz überfliegen, was in der Region von Bedeutung für mich ist. Und ich lese eine überregionale Zeitung, „Die Süddeutsche". Da schätze ich nicht nur den Wirtschaftsteil, sondern auch das Feuilleton. Die vertraute Zeitung gibt mir die Möglichkeit, vieles zu überfliegen. Aber ich weiß, wo ich das Wichtigste finde. Und manchmal nehme ich mir Zeit, Hintergrundartikel zu lesen. So gehört das Lesen der Zeitung zu meinem täglichen Ritual. Sie informiert mich nicht nur über das, was in der Welt geschieht. Sie bietet mir auch eine Deutung des Geschehenen an. Ich muss die Deutung der Zeitung nicht übernehmen. Aber es ist eine mögliche Deutung, die mich anregt, mir meine eigenen Gedanken zu machen. So wird die Zeitung für mich auch zum Ort der Meditation. Ich erfahre, wofür und für wen ich bei unserem Chorgebet beten soll. Und die Zeitung lädt mich ein, zu meditieren, was Gott mir durch das Geschehene sagen möchte.

AUFWACHEN

Im Kloster weckt uns die Hausglocke um 4.40 Uhr. Doch ich stelle meinen persönlichen Wecker ein paar Minuten später. Denn oft überhöre ich die Hausglocke. Meinen Wecker habe ich noch nie überhört. So gibt er mir die Gewissheit, dass ich rechtzeitig aufstehe. Manchmal muss ich noch früher aufstehen, weil ich schon um 4.00 Uhr mit dem Auto zu einem Kurs oder Vortrag fahren muss. Dann darf ich dem Wecker trauen, dass er mich rechtzeitig aufweckt. Wenn ich ihn bei einer Reise vergessen habe, kann ich nicht einfach ruhig einschlafen. Ich bin in Spannung, ob ich auch rechtzeitig aufstehe. So ist der Wecker ein zuverlässiger Begleiter. Aber er sagt mir mehr: Er lädt mich ein, aufzuwachen. Wach zu sein, den Schlaf abzulegen, sich dem Tag zu stellen, das sind wichtige spirituelle Haltungen. Die Gnosis sieht den Zustand des Menschen als Schlaftrunkenheit. Er hat seine Augen vor der Wirklichkeit verschlossen. Mystik heißt: aufwachen zur Wirklichkeit. Der Wecker stellt mich also täglich vor die Frage, ob ich mir Illusionen über mein Leben mache oder ob ich bereit bin, aufzuwachen und mich dem zu stellen, was Gott mir heute zumutet.

III

Vom Zauber
der Liebe

Die Liebe durchbricht das Augenscheinliche. Sie sieht tiefer. Sie entdeckt im Menschen den guten Kern, der in ihm aufblühen möchte.

HYMNUS AN DIE LIEBE

Die Liebe, so sagt uns die Bibel, ist Geschenk Gottes an die Menschen, ist Ausdruck des göttlichen Schöpfungssegens. Der Mensch findet die Liebe einfach vor. Sie ist ihm gegeben. Er erfährt sie, ob er will oder nicht. Sie kann ihn krank machen oder verzaubern. Sie ist wie eine Glut, die in ihm brennt. Sie ist wie ein Strom, der ihn mitreißt. Liebe ist dabei nicht nur die Liebe zwischen Mann und Frau, sondern auch die Liebe zu den Kindern, die Liebe zu den Menschen, die Liebe zur Natur, die Liebe als Grundstimmung und Haltung, die all unser Denken, Fühlen, Wollen und Handeln prägt, und die Liebe zwischen Gott und Mensch. Im Hohelied der Liebe zeigt Paulus auf, welche Qualität die Liebe hat und wie sie konkret unser Dasein prägen kann. Die Liebe ist eine Kraft, die der Heilige Geist im menschlichen Herzen hervorruft, entweder durch die Erfahrung, von anderen geliebt zu sein, oder durch eine spirituelle Erfahrung von Gottes Liebe. Man kann die Liebe weder als Gefühl noch als Willensakt bezeichnen. Sie scheint eine eigenständige Macht zu sein, die im Herzen des Menschen wirkt und all seine Beziehungen betrifft. Die Liebe ermöglicht eine neue Lebensqualität, eine neue Selbstwahrnehmung. Sie verwandelt den Menschen und verleiht ihm eine eigene Ausstrahlung. Durch die Liebe wird das Leben erst lebenswert. Wer die Liebe in sich spürt, dessen Leben gelingt, bei dem bekommt alles ein neues Aussehen und einen neuen Geschmack.

DAS HOHELIED DER LIEBE

Die Liebe ist langmütig,
die Liebe ist gütig.
Sie ereifert sich nicht,
sie prahlt nicht,
sie bläht sich nicht auf.
Sie handelt nicht ungehörig,
sucht nicht ihren Vorteil,
lässt sich nicht zum Zorn reizen,
trägt das Böse nicht nach.
Sie freut sich nicht über das Unrecht,
sondern freut sich an der Wahrheit.
Sie erträgt alles,
glaubt alles,
hofft alles,
hält allem stand.
Die Liebe hört niemals auf.

1. Korintherbrief,
13. Kapitel, Vers 4 bis 8

EIN WEITES HERZ

Die Liebe ist langmütig, sie hat Geduld, sie hat ein großes und weites Herz. Sie kann warten. Sie ist nicht kleinlich. Sie steht offen für den anderen. Aber dieses weite Herz, der „große Mut", bezieht sich nicht nur auf den Umgang mit anderen. Wenn ich ein weites Herz habe, dann fühle ich mich anders. Ich bin frei, offen. Das Leben kann in mir strömen. Ich werde mich nie auf das Negative fixieren, das ich bei mir oder anderen wahrnehme. Das weite Herz ist das Gegenteil vom „kleinkarierten", engstirnigen, verbohrten Herzen. Man spürt einem Menschen von seinem ganzen Wesen her an, ob er ein weites Herz hat oder einen kleinen Mut, einen engen Geist.

Das Gute im Menschen

Die Liebe ist gütig. Das griechische Wort für „gütig" meint, dass sich die Liebe gut, aufrichtig, rechtschaffen verhält und dass sie heilsam ist, dass sie anderen guttut und ihnen Heil bringt. Ein Mensch, der voller Liebe ist, tut dem anderen gut. Er hat eine heilende Ausstrahlung. In seiner Nähe ist man gerne. Er sieht das Gute im anderen und lockt es aus ihm heraus. Weil er an das Gute im Menschen glaubt, geht er auch gut mit ihm um.

Die Liebe ist nicht eifersüchtig. Das griechische Wort für „Eifersucht" kommt von der Vorstellung, dass einer innerlich kocht, dass er aufbraust und von der Leidenschaft heftig bewegt wird. Die Liebe hat eine andere Qualität. Sie strahlt Ruhe und Unabhängigkeit von anderen aus. Sie steigert sich nicht in Eifersucht hinein, um den anderen an sich zu fesseln, sondern sie lässt ihn frei. Wer in sich Liebe spürt, der ist frei. Er vergleicht sich nicht mit anderen. Er ist bei sich. Sein Herz ist nicht zerrissen von Leidenschaften. Die Liebe führt den Menschen zu sich selbst, zu seinem eigentlichen Wesen. Sie entspricht seinem innersten Sein.

UNVERSTELLT

Die Liebe prahlt nicht. Sie hat es nicht nötig, anzugeben, sich aufzublähen, sich aufzublasen. In der Liebe bin ich einfach ich selbst. Ich zeige mich, wie ich bin. Ich habe nichts zu verstecken. Ich muss nicht mit irgendwelchen Leistungen prahlen, ich bin mit mir zufrieden, weil ich den Geschmack der Liebe in mir koste. Die Liebe macht das Leben lebenswert. Ich brauche nicht Bestätigung und Anerkennung.

Die Liebe handelt nicht ungehörig, unanständig. Sie ist nicht formlos und hässlich. Die Liebe entspricht vielmehr dem Wesen des Menschen, und sie macht ihn schön. Sie bringt ihn in die Gestalt, die ihm angemessen ist. Erst wer liebt, ist wahrhaft Mensch, meint letztlich diese Aussage des Paulus.

GENÜGSAM

Die Liebe schaut nicht auf ihren Vorteil, sie sucht nicht das Eigene. Sie kreist nicht um sich selbst. Sie muss sich nicht be-
haupten, weil sie einfach da ist. Sie benutzt den anderen nicht
für sich, sondern nützt ihm. Sie erwartet nicht vom anderen das
Glück, sondern möchte ihn beglücken. Sie presst den anderen
nicht aus, um sexuelle Lust zu erfahren, sondern will mit ihm
eins werden. Die Liebe ist frei von dem ständigen Kreisen um
sich selbst, das der Angst entspringt, zu kurz zu kommen. Die
Liebe kommt nicht zu kurz. Wer von Liebe erfüllt ist, der hat
genug, der muss nicht immer noch mehr haben.

ZWEI POLE?

Die Liebe lässt sich nicht zum Zorn reizen. Das erscheint auf den ersten Blick problematisch. Denn wo sollen wir mit unseren Aggressionen hin? Liebe und Aggression gehören offensichtlich eng zusammen. Das hat Peter Schellenbaum in seinem Buch „Das Nein in der Liebe" einleuchtend beschrieben. Ohne Aggression wird die Liebe zu einer Fessel, die den anderen nicht freilässt. Die Aggression hält die Spannung von Nähe und Distanz immer wieder aufrecht. Und ohne diese Spannung verliert sich die Liebe. Aggression und Liebe sind zwei Pole, die einander bedürfen. Paulus meint offensichtlich etwas anderes. Die Liebe lässt sich nicht aufreizen, scharfmachen, sie steigert sich nicht zu hitziger Leidenschaft, zum Fieberanfall. Sie frisst sich nicht fest im Groll. Sie hat eher die Qualität von Ruhe und Kraft, von Wärme und Klarheit.

MUTIG

Die Liebe hat den Mut, dem anderen zu sagen, dass er einen verletzt hat, dass man sich über ihn geärgert hat. Sie klärt die Missverständnisse. Sie schaut auch die Aggressionen an, die in jeder Liebe immer wieder aufsteigen und uns davor bewahren, in falsche Harmonie zu versinken. Das griechische Wort für „Zorn" kommt von der Vorstellung „unzeitig, vorschnell, hitzig". Die Liebe reagiert angemessen. Sie ist im Augenblick. Sie lässt sich durch verletzende Worte nicht aus dem gegenwärtigen Moment vertreiben. Sie ist nicht empfindlich. Der Empfindliche wird immer wieder aus dem Augenblick gerissen. Verletzende Worte bringen in ihm zum Vorschein, was sich unter der Oberfläche an Wut und Unzufriedenheit angesammelt hat.

NICHT NACHTRAGEND

Die Liebe trägt das Böse nicht nach. Sie stellt es nicht in Rechnung. Sie rechnet es nicht auf. In der Beziehung untereinander rechnen wir häufig einander auf, was der andere uns angetan hat. Das zahlen wir ihm heim. Wir meinen, eine gute Beziehung lebe vom Ausgleich. Wenn der andere mich verletzt hat, verletze ich ihn. Aber das gibt so nie einen Ausgleich, sondern ein ständiges Aufrechnen, einen Teufelskreis der gegenseitigen Verletzung, der nie endet. Nur der Kleinliche berechnet und rechnet ständig auf. Wer durch die Liebe weit geworden ist, hat es nicht mehr nötig, das Böse aufzurechnen. Die Liebe besiegt das Böse, anstatt es aufrechnend zu vermehren.

WAHRHEIT

Die Liebe freut sich nicht am Unrecht, an der Verletzung, sondern sie freut sich an der Wahrheit. Sie freut sich daran, wenn der andere so zur Geltung kommt, wie er wirklich ist. Sie will ihn nicht durch Verletzung entwerten und ihn dadurch ins Unrecht setzen.

Ein schützendes Dach

Die Liebe erträgt alles. Eigentlich heißt es: Sie deckt, beschirmt, bewahrt alles. Das griechische Wort für „ertragen" kommt von „Dach, Decke". Die Liebe ist gleichsam ein Schutzdach, das uns davor bewahrt, dass die Feuchtigkeit in unser Haus eindringt, dass negative Stimmungen unser Haus besetzen. Die Liebe ist wie ein Haus, in dem wir wohnen können, ein Haus, in dem wir uns geborgen und beschirmt fühlen. Und wenn wir uns in unserem Haus daheim fühlen, können wir mit unserer Liebe auch dem anderen ein schützendes Dach bieten, unter dem er sich geborgen und angenommen weiß. Die Liebe lädt auch andere in unser Haus des Lebens ein.

VERTRAUEN

Die Liebe glaubt alles. Das griechische Wort „pisteuein" meint eigentlich „trauen, vertrauen". Die Liebe ist getragen von einem grundsätzlichen Vertrauen in den Menschen, in das Leben, in Gott. Nur wenn ich einem glaube, kann ich ihn lieben. Das meint auch die deutsche Sprache, die glauben, lieben und loben von der gleichen Wurzel „liob" ableitet. „Liob" heißt gut. Glauben heißt dann das Gute sehen. Lieben bedeutet gut miteinander umgehen. Ich kann nur lieben, was ich für gut ansehe, wem ich traue. Das gilt für den Menschen genauso wie für Gott. Ich kann keinen Gott lieben, dem gegenüber ich ein abgrundtiefes Misstrauen habe. Die Liebe braucht das Vertrauen, aber sie drückt sich auch konkret im Vertrauen und Glauben aus. Indem sie an den Menschen glaubt, richtet sie ihn auf und lockt in ihm das Gute hervor. Loben heißt, das Gute auch zu nennen. Indem ich das Gute ins Wort bringe, wird es wirklich und wirksam.

Die Liebe hofft alles. Hoffnung ist ein anderer Aspekt des Glaubens. Ich erwarte etwas von dem, den ich liebe. Ich traue ihm etwas zu. Ich habe Hoffnung für ihn, dass er sich entwickeln kann, dass das Gute in ihm immer stärker werden wird. Die Liebe durchbricht das Augenscheinliche. Sie sieht tiefer. Sie entdeckt im Menschen den guten Kern, der in ihm aufblühen möchte. Sie sieht in ihm die Zeichen von Lebendigkeit, von Echtheit, von Fähigkeiten und Möglichkeiten, die in ihm stecken. Und die Liebe erhofft alles von Gott. Sie traut Gott zu, dass er an uns und an den Menschen, die wir lieben, Wunder seiner Liebe wirken wird.

Die Liebe hält allem stand. Sie stellt sich unter den anderen, um ihn zu stützen und zu tragen. Sie steht zu ihm, ganz gleich, wie er sich entwickelt und was er von sich offenbart. Sie bleibt bei ihm in allen seinen Irrungen und Verwirrungen. Sie vermag das nur, weil sie alles glaubt und alles hofft, weil sie das Gute im anderen sieht und die Hoffnung hat, dass der gute Kern immer mehr zum Vorschein kommt. Sie ist wie eine Säule, auf die der andere sich stützen kann, die das Haus des Miteinanders trägt. In der Liebe wohnt eine Kraft. Das griechische Wort für standhalten, „hypomenein", kommt aus der Kriegssprache. Es bedeutet: bleiben, um einen feindlichen Angriff abzuwehren, sich dem Angriff stellen, nicht ausweichen. Die Liebe lässt sich nicht so leicht in die Flucht schlagen. Sie nimmt den Kampf gegen feindliche Mächte auf. Sie glaubt an den Sieg. Sie ist stärker als alles, was das Leben untergraben möchte.

UNENDLICH

Die Liebe hört niemals auf. Sie ist Erscheinung des Ewigen in der Zeit und hat daher niemals ein Ende, während alle anderen Gaben des Geistes vorläufig sind und im Tode ihr Ende finden.

Bei all diesen Aussagen des heiligen Paulus über die Liebe dürfen wir nicht sofort daran denken, dass wir dies oder jenes tun müssten, dass wir nicht zornig oder eifersüchtig sein dürfen, dass wir nie an uns selber denken sollen, sondern immer an den Vorteil des anderen. Wenn wir aus der Beschreibung des Paulus nur die Forderung heraushören, wird die Liebe für uns zu einer Überforderung. Paulus beschreibt vielmehr, wozu die Liebe fähig ist.

Allumfassende Zärtlichkeit

Die Liebe ist eine eigene Kraft. Manchmal spüren wir, dass wir voller Liebe sind. Wir haben dann ein tiefes Gefühl von Zärtlichkeit und Liebe in uns und fühlen in uns keinen moralischen Druck, dass wir alle lieben müssten. Wir sind einfach voller Liebe. Die Liebe strömt aus uns heraus zu allen Menschen, zu den Blumen auf der Wiese, zu den Tieren, in unser Zimmer, in unseren Leib.

IV

Vom Zauber des Lebens

*Mein Leben bekommt eine neue
Qualität, wenn ich jeden Morgen
bewusst mit dem Gedanken aufstehe:
Heute grabe ich meine ganz
persönliche Lebensspur in diese Welt
ein, damit durch mich diese Welt ein
wenig heller und wärmer und
menschlicher wird.*

WAS IST LEBEN?

Nach Leben sehnen sich alle. Doch was ist Leben? Schon die frühen griechischen Philosophen haben sich ihre Gedanken über das Leben gemacht. Alles Leben – so sagt die griechische Philosophie – ist beseelt. Daher spricht sie auch von einer Pflanzenseele, Tierseele, Geistseele und sogar von einer Weltseele, die alles durchdringt. Schon der Blick in die Bibel zeigt, wie vielfältig das Phänomen des Lebens beschrieben wird. Die griechische Bibel kennt drei Worte für „Leben". Sie spricht von „zoe". Das meint „Lebensqualität, wirkliches Leben". Und dieses Wort setzt das Leben in den Gegensatz zum Tod. Nur die Lebendigen preisen Gott, nicht die Toten. Das zweite Wort ist „psyche". Wir übersetzen dieses Wort mit „Seele". In der Bibel meint es die Lebenskraft, die dem Menschen zu eigen ist. Die Seele ist für die Bibel der Träger des Lebens. Das dritte Wort ist „bios". Wir sprechen von Biologie. Bios meint „das Leben in seiner äußeren Erscheinung", die „Lebensdauer" und den „Lebenswandel".

Philosophie war bei den Griechen immer Lebensphilosophie, die die Kunst des Lebens lehren wollte. Das Leben will gelernt sein. Es braucht eine Kunst, ein Können. „Kunst" ist für Platon „Nachahmung". Wir erlernen die Kunst des Lebens, indem wir die Natur um uns herum nachahmen, in der uns Gott gezeigt hat, wie Leben gelingt. In der Neuzeit gab es eine eigene Lebensphilosophie, die das Phänomen des Lebens bedenkt. Friedrich von Schlegel fordert eine Philosophie des Lebens, die der Gefühlswelt des Menschen gerecht wird. Leben ist all das, was sich im Menschen äußert. Dazu gehören nicht nur sein Denken, sondern auch sein Fühlen, seine Vitalität und seine Sexualität. Die Lebensphilosophie der Neuzeit war fasziniert vom Phänomen des Lebens, vom Zauber des Lebens. In meinen Meditationen möchte ich dem Zauber des Lebens nicht philosophisch oder theologisch nachgehen. Ich möchte, von der Bibel ausgehend, Bilder des Lebens aufscheinen lassen, um von diesen Bildern her das Geheimnis und den Zauber des Lebens zu betrachten. Ich wünsche dir, dass du dabei mit dem Leben selbst in Berührung kommst, dass du lebendiger wirst und du Lust am Leben bekommst.

DEM FRIEDEN NACHJAGEN

Der heilige Benedikt lädt junge Männer ins Kloster ein mit der Frage des Psalmisten: „Wer ist der Mensch, der Lust hat am Leben und gute Tage zu sehen wünscht?" Und er antwortet auf die Frage mit einem anderen Psalmwort: „Willst du das wahre und ewige Leben haben, so bewahre deine Zunge vor Bösem und deine Lippen vor falscher Rede! Meide das Böse und tu das Gute; suche Frieden und jage ihm nach!" (*RB, Prolog; Ps 34, 13–15*). Viele denken, wenn einer ins Kloster geht, dann will er dem Leben ausweichen. Das gibt es durchaus. Es gibt Menschen, die den spirituellen Weg gehen – im Kloster oder außerhalb –, nicht um das Leben zu suchen, sondern um dem Leben zu entfliehen. Sie haben Angst vor dem Leben. Doch für Benedikt besteht der spirituelle Weg darin, Lust am Leben zu haben. Diese Lust am Leben bedeutet nicht, alle Wünsche auszuleben, sondern das wahre Leben zu lernen. Das wahre Leben besteht darin, das Böse zu meiden und das Gute zu tun. Gutes Leben ist nur dort, wo ich gut handle und gut denke. Negative Gedanken und böse Taten trüben das Leben. Und noch etwas gehört zum Leben: den Frieden suchen, ja, ihm sogar nachzujagen. Frieden, das bedeutet für die Bibel: ein Leben im Einklang mit der Natur, mit meinem Wesen.

In der Bibel geht es immer wieder auch um das Thema des Lebens. Da wird Gott gepriesen mit den Worten: „Du zeigst mir den Weg zum Leben. Vor deinem Angesicht herrscht Freude in Fülle, zu deiner Rechten Wonne für alle Zeit" (*Ps 15,11*). Gott selbst zeigt uns den Weg zum Leben. Seine Weisungen, seine Gebote wollen uns in die Kunst des Lebens einführen. Sie wollen uns nicht am Leben hindern, sondern es schützen und vertiefen. Leben ist verbunden mit Freude in Fülle und mit Wonne für alle Zeit. Leben hat mit Lebendigkeit, mit Hüpfen und Sich-Freuen zu tun. Wonne ist die Lust und das Genießen des Lebens. Das deutsche Wort „Wonne" hat mit der Weide zu tun. Auf der Weide genießen die Tiere das gute Futter. Genießen ist eine eigene Kunst. Heute können so wenige Menschen das Leben wirklich genießen. Sie verschlingen ein „event" nach dem anderen. Aber sie sind nicht im Augenblick. Sie genießen den Augenblick nicht. Genießen – so sagt uns die Psychologie – hat auch mit Verzichten zu tun. Nur wer verzichten kann, vermag auch zu genießen. Wer sofort alles in sich hineinschlingen muss, der ist unfähig zum Genießen. Das Warten erhöht den Genuss.

LEBEN UND LOBEN

Die deutschen Worte „leben" und „loben" klingen ähnlich, auch wenn sie von der Wurzel her nicht zusammenhängen. Zum Leben gehört, dass ich über mich hinausschaue, dass ich vor etwas staunend stehen bleibe, dass ich bewundere, was größer ist als ich, und dass ich das Größere lobe. Der amerikanische Schriftsteller Sinclair Lewis meinte einmal, der Snob würde an allem herumnörgeln, loben dagegen sei nichts anderes als hörbar gewordene Gesundheit. Wer lobt, der lebt wirklich. Loben bedeutet: von sich selbst wegsehen und auf den anderen schauen. Das kommt schon in der deutschen Grammatik zum Ausdruck. Ich sage nie: „Ich lobe dich", sondern: „Das hast du wunderbar gemacht." Nicht der Lobende, sondern der Gelobte ist Subjekt. Loben geschieht aber nie nur im Sprechen, sondern letztlich im Singen. Loben will sich im Singen ausdrücken. Ich besinge den, zu dem ich aufschaue. Und im Singen habe ich teil an seiner Kraft, an seinem Leben, an seiner Liebe.

Sinn des Lebens

Das Thema „Leben" begegnet uns in der Bibel vor allem im Johannesevangelium. Schon im Prolog heißt es: „In ihm war das Leben, und das Leben war das Licht der Menschen" (*Joh 1,4*). Leben und Licht werden hier zusammen gesehen. Das Leben braucht einen Sinn, eine Erhellung. Heute suchen viele Menschen nach dem Sinn ihres Lebens. Nach dem österreichischen Neurologen und Psychiater Viktor Frankl werden viele Menschen krank, weil sie keinen Sinn in ihrem Leben finden. Und der Schweizer Therapeut C. G. Jung meint: „Sinnlosigkeit verhindert die Fülle des Lebens und bedeutet darum Krankheit. Sinn macht vieles, vielleicht alles ertragbar." Wer sein Leben lebt, ohne einen Sinn in seinem Leben zu finden, der lebt nicht wirklich. Das ist nicht das Leben, das uns Menschen entspricht. Die Frage ist, worin der Sinn des Lebens besteht. Viktor Frankl sieht drei Quellen für den Sinn des Lebens. Da sind einmal die Erlebniswerte. Wenn ich gerade etwas Schönes erlebe, frage ich nicht nach dem Sinn. Dann ist mein Leben sinnvoll. Dann folgen die schöpferischen Werte: Wenn ich kreativ etwas gestalte, erfahre ich mein Leben als sinnvoll. Und als Letztes die Einstellungswerte. Ich muss vom Geist her meinem Leben einen Sinn geben. Es braucht das Licht des Geistes, damit mein Leben selber Licht wird, wie es Johannes im Prolog sagt.

Sprudelnd wie ein Springbrunnen

Wenn mich jemand fragt, was für mich mein Lieblingswort in der Bibel ist, dann verweise ich immer auf die Rede vom guten Hirten im Johannesevangelium. Dort fasst Jesus seine Sendung zusammen mit den Worten: „Ich bin gekommen, damit sie das Leben haben und es in Fülle haben" (*Joh 10,10*). Mit diesen Worten Jesu möchte ich auch das beschreiben, was ich mit meiner Predigt und meiner Seelsorge beabsichtige. Ich möchte, dass die Menschen die Fülle des Lebens haben. Die Fülle des Lebens besteht nicht darin, möglichst viel zu erleben, sondern darin, intensiv zu leben, mit allen Sinnen zu leben. Das Leben soll fließen, nicht wie ein kleines Rinnsal, sondern wie ein Springbrunnen, bei dem das Wasser hoch hinausschießt und über alle Brunnenbecken hinausfließt, sodass wir uns daran erfrischen können. Das Leben stockt, wenn es aufhört zu fließen. Fließen ist ein entscheidendes Merkmal echten Lebens. Wir sagen auch: „Mein Leben stimmt", wenn es fließt. Manchmal haben wir den Eindruck, dass wir innerlich vertrocknen. Oder aber alles wird mühsam. Wir müssen alles mit großer Kraftanstrengung vollbringen. Umso lebendiger fühlen wir uns, wenn das Leben einfach strömt. Es geht uns von der Hand. Es trägt Frucht für uns und für andere.

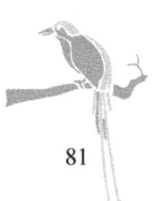

HANS IM GLÜCK

Wir träumen davon, dass unser Leben gelingt und wir glücklich werden in unserem Leben. Wir verbinden Leben mit Glück. Aber zugleich wissen wir, dass wir nicht immer glücklich sein können. Die Sehnsucht nach einem glücklichen Leben ist heute größer denn je. Überall erscheinen Bücher, die uns den Weg zum Glück weisen. Doch Glück kann man sich nicht kaufen. Es gibt keinen Trick, glücklich zu sein. Und doch zeigen uns die Philosophie und die Spiritualität Wege zu einem glücklichen Leben. Jesus weist uns in den acht Seligpreisungen der Bergpredigt einen Weg, wie unser Leben gelingen kann. Jesus preist die selig, die arm sind im Geist, die an nichts hängen, die innerlich frei sind, die – wie Buddha sagen würde – an nichts anhaften. Das deutsche Märchen „Hans im Glück" bringt diese Erfahrung schön zum Ausdruck. Als Hans alles, was er erworben und immer wieder gegen etwas anderes eingetauscht hat, verliert, da dankt er Gott und ruft aus: „So glücklich wie ich gibt es keinen Menschen unter der Sonne." Er braucht nichts anderes zum Glück, als einfach zu leben. Und so endet das Märchen mit den Worten: „Mit leichtem Herzen und frei von aller Last sprang er nun fort, bis er daheim bei seiner Mutter war." Einfach nur zu leben, darin besteht das Glück. Und daheim sein bei sich selbst und bei seiner Mutter, mit sich selbst mütterlich umgehen, ist Voraussetzung für das gelingende Leben.

GROSSER TRAUM

Jeder kennt Lebensträume. Als Kind hat er davon geträumt, ein Prinz oder eine Prinzessin zu werden. Er hat geträumt, eine große Familie zu gründen. Oder er hat davon geträumt, ein großer Schauspieler oder Sänger oder Fußballspieler zu werden. Doch das Leben erfüllt uns nicht immer unsere Träume. Und dennoch sind die Lebensträume starke Antreiber zum Leben. Wer sich etwas vom Leben erträumt, der hat ein Ziel. Er wird sich anstrengen, ein guter Fußballer zu werden. Er wird seine sängerischen Fähigkeiten üben und entfalten. Viele tun sich schwer, mit den zerplatzten Lebensträumen umzugehen. Doch wenn ein Lebenstraum zerbrochen ist, muss das Leben nicht zerbrechen. Vielmehr ist es unsere Aufgabe, diesen Lebenstraum nochmals zu betrachten. Dann werde ich erkennen, dass mein Lebenstraum größer und weiter ist als das, was ich konkret gelebt habe. Wenn ich den Lebenstraum von einer großen Familie hatte, mein Weg aber nicht dazu geführt hat, so bedeutet das nicht, dass ich im Leben gescheitert bin oder dass ich nun den alten Träumen nachtrauern muss. Vielmehr geht es darum, die Essenz meines Lebenstraumes zu bedenken und sie jetzt in mein Leben zu integrieren, das ich momentan lebe. Dann wird mein Leben eine neue Qualität bekommen.

LEBENSSPUR

In Gesprächen höre ich immer wieder: Mein Leben ist nichts Besonderes. Ich kann in meinem Leben nichts vorweisen. Die Welt geht auch ohne mich weiter. Diese Menschen entwerten sich selbst und ihr Leben. Für mich besteht der Sinn des Lebens darin, dass ich meine ganz persönliche Lebensspur in diese Welt eingrabe. Es muss nicht immer ein großes Werk sein, das ich hinterlasse, ein Projekt, das durch mich angestoßen wurde, eine Stiftung, die ich gegründet habe, Bücher, die ich geschrieben habe. Jeder von uns gräbt durch sein Dasein eine Spur in diese Welt ein. Es kommt nur darauf an, die eigene Lebensspur zu entdecken. Ich finde sie, wenn ich in meine Lebensgeschichte hineinschaue und überlege, was Gott mir an Fähigkeiten geschenkt hat. Vielleicht habe ich die Gabe, gut zuzuhören, Frieden zu stiften, anderen Geborgenheit zu schenken oder andere zu ermutigen oder aufzurichten. Manchmal entdecken wir unsere Fähigkeiten gerade auf dem Hintergrund unserer Verletzungen, die wir erfahren haben. Unsere Wunden können in Perlen verwandelt werden, wie Hildegard von Bingen es einmal ausgedrückt hat. Mein Leben bekommt eine neue Qualität, wenn ich jeden Morgen bewusst mit dem Gedanken aufstehe: Heute grabe ich meine ganz persönliche Lebensspur in diese Welt ein, damit durch mich diese Welt ein wenig heller und wärmer und menschlicher wird.

Bei meinen Kursen lasse ich manchmal einen Nachruf schreiben. Die Teilnehmer und Teilnehmerinnen des Kurses sollen sich überlegen: Was soll an meinem Lebensende über mich gesagt werden? Mit welchen Worten sollte die Essenz meines Lebens ausgedrückt werden? Und dann bitte ich die Leute einfach zu schreiben, was ihnen in den Sinn kommt und ihnen einfällt. Es ist interessant, was da oft herauskommt. Manche haben Angst vor zu großen Worten. Sie haben das Gefühl, über sie könne man doch gar nicht viel sagen. Sie hätten ja nichts geleistet. Aber darum geht es gar nicht. Der Gedanke, seinen eigenen Nachruf zu schreiben, fordert uns heraus, den Wert und die Einmaligkeit unseres Lebens zu bedenken. Und er lädt uns ein, uns bewusst zu werden, was wir gerne mit unserem Leben vermitteln möchten. Woran sollen die Menschen denken, wenn sie sich meiner erinnern? Was soll ihr Geschmack von mir sein? Welche Bilder sollen in ihnen da hochkommen? Wir brauchen keine Angst vor zu großen Worten zu haben. Wir wissen, dass wir alle durchschnittlich sind und unsere Fehler und Schwächen haben. Aber zugleich sollten wir vertrauen, dass wir mit unserem Leben etwas Einmaliges sind, dass wir in dieser Welt etwas zum Ausdruck bringen, was nur durch uns ausgedrückt werden kann.

Es gibt die bekannte Übung, man solle sich überlegen, welche drei Dinge man auf eine einsame Insel mitnehmen würde. Die Übung soll uns daran erinnern, was wir zum Leben wirklich brauchen. Ist es nötig, dass wir viel Geld haben? Sind mir Anerkennung und Bestätigung wichtig? Benötige ich viele Bücher oder CDs? Viele werden sagen, dass sie zum Leben vor allem Gesundheit brauchen – oder Zufriedenheit oder Dankbarkeit oder Liebe. Je mehr wir über diese Frage nachdenken, umso klarer wird uns werden, dass nur wenig nötig ist, um wirklich leben zu können. Der eine nimmt die Bibel mit, weil er in ihr die ganze Weisheit der Welt entdeckt und weil er darin Gottes Wort liest und im Lesen und Meditieren Gott begegnet als dem, der ihn liebt und sein Leben trägt. Der andere nimmt die Bilder seiner geliebten Frau und seiner geliebten Kinder mit. Die Erinnerung an diese Menschen wird sein Leben erfüllen und ihm Sinn geben. Er wird sich immer wieder voller Dankbarkeit an die Menschen erinnern, die ihn lieben und die er liebt. In der Erinnerung wird er in Berührung kommen mit der Liebe, die in ihm ist. Die Erinnerung wird sein Leben erfüllen mit dem Geschmack der Liebe. Was brauchst du, um wahrhaft und erfüllt leben zu können?

Das Leben beginnt mit der Geburt und endet mit dem Tod. So ist die landläufige Meinung. Doch das Leben ist eine ständige Geburt. Wir werden nicht nur am Beginn unseres Lebens geboren. Wir sprechen ja auch in unserem Leben öfter von einer Neugeburt. Oder wenn sich ein Problem gelöst hat, sagen wir: „Das war eine schwere Geburt." Unser Leben ist ein ständiges Geborenwerden. Wir werden immer mehr zu dem einmaligen und einzigartigen Menschen, als den uns Gott geschaffen hat. Dazu müssen wir durch einen Geburtskanal hindurchgehen. Oft genug ist die Geburt des Neuen in uns genauso schmerzlich wie die erste Geburt. Die geistliche Tradition spricht davon, dass Gott in uns geboren wird. Die Gottesgeburt in unserem Herzen bedeutet, dass wir mit dem einmaligen Wort in Berührung kommen, das Gott über uns bei unserer ersten Geburt gesagt hat. Wenn Gott in uns geboren wird, dann klären sich all die Worte, die dieses Urwort Gottes in uns getrübt haben, Worte wie: „Ich bin nicht richtig. Mit mir kann es niemand aushalten. Ich mache alles verkehrt." Durch viele Geburten hindurch sollen wir immer mehr in das wahre Leben gelangen, in das einmalige Leben, das uns Gott zugedacht hat. Und unsere wahre Gestalt soll durch die vielen Geburten immer klarer in uns und durch uns in dieser Welt aufleuchten.

Nach Leben sehnen wir uns alle. Doch viele machen die Erfahrung, dass ihr Leben nicht mehr lebenswert ist. Sie möchten nicht mehr leben. Sie sehen keinen Sinn darin. Sie haben Angst vor den Schmerzen, die sie erwarten, Angst vor dem Kontrollverlust, wenn sie sterben. So gibt es eine Tendenz in unserer Gesellschaft, dem Leben selbst ein Ende zu bereiten, wenn es nicht mehr als lebenswert erscheint. Doch die Frage ist: Wann ist das Leben nicht mehr lebenswert? Manchmal hat man den Eindruck, dass Leben mit blühender Gesundheit und Kraft gleichgesetzt wird. Und alles, was diesen Bildern vom Leben widerspricht, nimmt dem Leben seinen Sinn und seinen Wert. Doch damit reduzieren wir das Leben auf ein Scheinleben. Nur was nach außen hin glänzt, ist lebenswert. Die Kunst des Lebens besteht darin, auch im Leid einen Sinn zu sehen. Wenn eine Krankheit mich trifft, werde ich nicht sofort einen Sinn darin erkennen. Aber ich kann ihr einen Sinn geben. Die Krankheit zerbricht meine Vorstellungen, die ich mir vom Leben gemacht habe. Aber wenn ich mir meine Vorstellungen vom Leben zerbrechen lasse, dann sollte ich nicht am Leid zerbrechen. Vielmehr werde ich aufgebrochen für das wahre Leben, aufgebrochen für mein wahres Selbst. Ich war mitten im Leben.

Doch bei aller christlichen Bejahung von Krankheit und Leid – was kann ich einem Menschen sagen, der von Depressionen heimgesucht wird und das Gefühl hat, in einem dunklen Loch zu stecken? Was sage ich einer Mutter von kleinen Kindern, die an Krebs erkrankt ist, der zum Tode zu führen scheint? In solchen Situationen kann ich nicht einfach vom Leben schwärmen. Da helfen nicht billige Vertröstungen. Ich muss mir vielmehr selbst bewusst werden: Wie könnte ich in dieser Situation mein Leben verstehen und bewältigen? Ich habe mir weder den Krebs noch die Depression ausgesucht. Sie haben meine Lebenspläne durchkreuzt. Ich muss zunächst die scheinbare Sinnlosigkeit der Krebserkrankung aushalten und die Dunkelheit meiner Depression. Und dann kann ich versuchen, mit meiner Krankheit in Berührung zu kommen, mit meinem innersten Wesen, mit dem wahren Selbst in mir, das nicht von der Krankheit infiziert ist, das nicht von der Depression verdunkelt ist. Ich glaube daran, dass in mir ein heiler und klarer Kern ist. Die Krankheit zwingt mich, Abschied zu nehmen von all den äußeren Vorstellungen vom Leben und das Leben auf das Wesentliche zu konzentrieren. Es geht darum, dass ich in meiner Krankheit und Schwäche durchlässig werde für ein Leben, das mehr ist als Gesundheit und Kraft, das zugleich Leben und Licht ist.

DER TOD ALS FREUND

Die größten Gegensätze sind Leben und Tod. Und doch gehören beide zusammen. Es gibt kein Leben ohne den Tod. Und die Kunst, wirklich zu leben, gelingt nur, wenn wir den Tod in unser Leben integrieren. Für Wolfgang Amadeus Mozart ist der Tod der beste Lebensfreund und der Schlüssel zur Glückseligkeit. Wenn wir mitten im Leben – wie es uns die spirituelle Tradition lehrt – uns den Tod vor Augen halten, dann will uns der Gedanke an den Tod dazu einladen, im Augenblick zu leben und bewusst zu leben. Wenn ich mir bewusst werde, dass mein Leben endlich ist, dann bekomme ich einen neuen Geschmack des Lebens. Ich werde jeden Augenblick auskosten. Ich atme jetzt, ich fühle jetzt, ich schaue die Schönheit der Natur, ich begegne einem Menschen. Alles, was ich erlebe, werde ich bewusster erleben. Denn es könnte das letzte Mal sein, dass ich diesen Frühling erlebe, dass ich mit diesem Menschen spreche, dass ich diese wunderbare Landschaft anschaue. Der Tod intensiviert das Leben.

Das Leben bejahen

Damit das Leben gelingt, muss ich Ja zu meinem Leben sagen. Das ist nicht immer einfach. Doch in der Begleitung vieler Menschen erfahre ich immer wieder, dass das Leben dann zu blühen beginnt, wenn ich es bejahe. Viele sind mit ihrem Leben nicht zufrieden. Sie haben sich ein anderes Leben vorgestellt. Doch wir können uns das Leben nicht immer aussuchen. Es gibt aber keinen Augenblick in unserem Leben, in dem wir nicht neu beginnen können, es zu gestalten. In dem Augenblick, in dem ich mein Leben und meinen Lebensweg bejahe, so, wie er bisher verlaufen ist, wird mein Leben einen neuen Verlauf nehmen. Es wird nicht in eine Sackgasse führen. Mein Leben zu bejahen bedeutet jedoch auch, zur Begrenztheit meines Lebens zu stehen. Ich erlebe manchmal Menschen, die meinen, sie brauchten nur den Willen zu einem erfolgreichen Leben tief genug in ihr Unbewusstes einzuprägen, dann würden sie auch Erfolg haben. Das halte ich für Unsinn. Wir können nicht alles, was wir wollen. Doch wenn ich Ja sage zu meinem Leben, so, wie es geworden ist, dann entdecke ich, dass ich aus dem Material, das mir vorgegeben wurde, etwas Schönes gestalten kann. Das Ja zu meinem Leben ist die Bedingung, dass mein Leben lebenswert wird.

WIR SIND TEIL DER SCHÖPFUNG

Im Frühling haben wir oft den Eindruck, dass das Leben stärker ist als der Tod. Das Leben bricht überall hervor. Es blüht auf. Wenn wir im Frühling durch die Natur wandern, dann fühlen wir uns selbst voller Leben. Das Leben, das die Natur durchdringt, erfüllt auch unseren Leib und unsere Seele. Das Leben, das wir in der Natur wahrnehmen, ist letztlich auch göttliches Leben. Denn die Natur ist von Gottes Geist durchdrungen, sogar von seiner Liebe erfüllt. Um uns lebendig zu fühlen, ist es daher gut, in die Natur hinauszugehen und uns durchwehen zu lassen vom Wind, uns durchwärmen und durchleuchten zu lassen von der Sonne und uns von der Schönheit der Schöpfung berühren zu lassen. Wir sind Teil der Schöpfung. Wir sind Teil des Lebens, das um uns herum aufblüht. Und dieses Leben ist nicht totzukriegen. Im Winter dachten wir, alles sei kahl und abgestorben. Doch im Frühling blüht es wieder auf, schöner als je zuvor. Das gibt uns die Hoffnung, dass auch unser Leben durch alle Phasen der Erstarrung, der Kälte, der Leere, des Absterbens hindurch doch immer wieder neu aufblüht und zum Segen wird für andere Menschen.

STILLE UND BEGEGNUNG

Wenn ich mich am Schluss meiner Betrachtungen frage, was ich selbst zum Leben brauche, dann fällt mir Folgendes ein: Ich brauche zum Leben immer wieder die Stille. In der Stille komme ich in Berührung mit meinem wahren Wesen. Da fallen all die Trübungen weg, die mein wahres Selbst verdunkeln. Da entdecke ich, wer ich bin. Und in der Stille begegne ich Gott. Da erlebe ich Gott als den Grund meines Lebens, aber zugleich auch als das Ziel meiner Sehnsucht. Ich brauche zum Leben aber auch die Begegnung mit Menschen. Ich weiß, dass ich mich in der Stille auch vom Leben zurückziehen kann. Die Stille und die Einsamkeit rufen nach der Begegnung mit Menschen. Im Gespräch mit ihnen blüht das Leben auf. Da entwickeln sich neue Gedanken. Da entsteht Nähe. Ich spüre mich selbst ganz anders, wenn ich die Nähe eines lieben Menschen spüre. Und ich brauche zum Leben Bücher. Im Lesen tauche ich in eine eigene Welt ein. Diese Welt erweitert meine begrenzte Welt. Mein Leben wird bunter. Ich entdecke den Reichtum meiner eigenen Seele. Und ich brauche für mein Leben die Musik. Im Hören von Musik wird meine Seele beflügelt. Da wird mein Herz weit. Und wenn ich selbst singe, dann komme ich durch das Singen in Berührung mit dem Innersten meines Herzens. Und dort spüre ich die Essenz meines Lebens: die Freude und die Liebe.

V

Vom Zauber
der Muße

*Die Muße ist die Zustimmung
zur Welt, sie ist die Zustimmung
zum Leben und die Zustimmung
zu mir selbst.*

Das Lob der Römer und Griechen auf die Muße, das „otium", die „schole", zu verstehen fällt uns Heutigen sehr schwer, da in unserer westlichen Welt die Arbeit und die Arbeitsleistung so wichtig genommen werden. Doch die Muße war für die Griechen ein Kennzeichen des freien Menschen, der nicht unter der Sklaverei der Arbeit steht, sondern der sich Zeit lässt, die Wahrheit der Welt zu erkennen, der die Dinge sein lässt. Aus dieser Muße heraus fließt dann durchaus fruchtbare Arbeit. Aber diese Arbeit hat nicht den Geschmack des Mühseligen und Schweren, des Angestrengten und Angespannten. Heute versucht der arbeitende Mensch den Eindruck zu vermitteln, dass er viel zu tun habe, dass es schwer sei, diese Arbeitsstelle zufriedenstellend auszufüllen, und dass es großer Mühe bedürfe, jeden Tag den Berg an Arbeit zu leisten. Der deutsche Philosoph Immanuel Kant spricht von „herkulischer Arbeit" und meint damit auch seine geistige Arbeit. Sie sei anstrengend und koste die ganze Mühe des Menschen. Dem entspricht die Ethik, die aus der Kant'schen Philosophie entspringt. Der natürliche Trieb, so meint Kant, widerstrebe dem sittlichen Gesetz. Daher gehöre es „zur Natur der Sache, dass das Gute schwer ist und dass die willentliche Anstrengung der Selbstbezwingung zu einem Maßstab des sittlich Guten wird" (*Pieper 31*).

Demgegenüber weiß die Philosophie, die sich den Griechen und Römern verpflichtet fühlt, dass das Wesen der Tugend im Guten und nicht im Schweren liegt. Thomas von Aquin, der die Philosophie der Antike in seine christliche Philosophie und Theologie integriert, meint, das Wesen der Tugend bestehe darin, dass wir unseren natürlichen Neigungen folgten und dass uns das Gute mühelos gelänge. Es liegt eine andere Anschauung von Welt und Mensch in dem antiken Begriff der Muße. In unserer von der Arbeit bestimmten Welt tut es uns gut, über das Geheimnis der Muße nachzudenken. Die Römer definierten die Arbeit als „Nicht-Muße", als „neg-otium". Das bedeutet nicht, dass die Römer nicht gearbeitet haben. Wir können heute ihre erstaunlichen Leistungen im Städtebau, im Straßenbau und in der Organisation ihres Weltreiches allerorten bewundern. Aber – so glaubten die Römer – die wahre Arbeit braucht die Muße, damit sie Frucht bringe und das Angestrengte und Angespannte verliere.

GESCHEHEN LASSEN

Heute ist der Begriff der Muße durch den der Freizeit ersetzt worden. Doch darin liegt schon die Verabsolutierung der Arbeit. Die Freizeit ist die Zeit, in der ich frei bin von Arbeitsverpflichtungen. Die Zeit ist sonst von der Arbeit geprägt. Für die Römer stand vor aller Arbeit die Muße. Sie hat nichts mit Freizeit oder Wochenende oder Urlaub zu tun. Sie ist eine Haltung und ein Zustand der Seele. Muße meint die Haltung des Geschehen-Lassens, des Schweigens, der Ruhe. Ich muss die Welt nicht ständig verändern. Ich lasse sie erst einmal so, wie sie ist. Ich bestaune und bewundere sie in ihrer Schönheit. Ich nehme wahr, was sie mir sagen möchte. Ich lasse die Pflanzen wachsen. Ich lasse die Menschen sein, wie sie sind. Ich stehe nicht unter dem Druck, alles um mich herum und vor allem meine Mitmenschen ständig ändern zu müssen. Erst wenn ich sie lassen kann, wie sie sind, entdecke ich, wohin sie sich entwickeln möchten und wie ich ihnen beistehen kann, die zu werden, die sie von ihrem innersten Wesen her sind.

Muße ist die Fähigkeit, still zu werden und zu schweigen. Nur wer schweigt, vermag zu hören. Im Hören horche ich mich in das Geheimnis der Dinge hinein. Ich erforsche nicht angestrengt die Naturgesetze, sondern ich horche in die Natur hinein, was sie mir von sich aus sagen möchte. Ich höre auf die Menschen. Ich habe nicht sofort Antworten auf ihre Fragen. Ich höre erst einmal, was sie bewegt und was ihre tiefste Sehnsucht ist. Die Bibel beschreibt das wunderbar in der Geschichte von Marta und Maria (*Lk 10,38–42*). Marta meint, sie wüsste genau, was Jesus brauche. Er brauche ein gutes Essen und genügend zu trinken. Ihre Schwester Maria jedoch setzt sich einfach zu Füßen Jesu und hört zu, was er zu sagen hat. Sie hört auf den Fremden und seine Botschaft. Sie ist die Empfangende. Beim Empfangen erkennt sie auch, was das wirkliche Bedürfnis Jesu ist. Sein Anliegen ist nicht, satt zu werden, sondern gehört zu werden, seine Botschaft den Menschen zu vermitteln, Jünger und Jüngerinnen zu finden, die ihm folgen.

DAS GEHEIMNIS DES SEINS BESTAUNEN

Wir möchten alles wissen, was es zu wissen gibt. Wir informieren uns über die neuesten Forschungen. Wir möchten das Geheimnis des Lebens entschlüsseln, das Geheimnis des Weltalls erforschen. Wer sich der Muße überlässt, der kann das Geheimnis der Dinge stehen lassen. Er muss nicht alles wissen. Er bestaunt das Geheimnis des Seins. Nur so wird er der Tiefendimension der Dinge gewahr. Und die Muße ist bestimmt von Heiterkeit. Wir verdanken der griechischen Philosophie ganz wichtige Einsichten in das Geheimnis des Menschen. Aber das Erkennen derer, die noch die Muße kannten, war frei von der Verbissenheit heutiger Forscher. Die griechischen Philosophen haben die Menschen, das Leben, die Welt angeschaut. Weil sie frei davon waren, ein Ergebnis erzielen zu müssen, sind sie gerade so den Dingen auf den Grund gegangen, haben tiefe Einsichten in das Geheimnis des Menschen und in das Geheimnis Gottes erlangt. Die Muße ist der Ort der „theoria", der Kontemplation, der Schau des Wesens der Dinge. Nicht vielerlei will ich wissen, sondern das Wesen des Seins erkennen.

„Müßiggang ist aller Laster Anfang." Dieses alte Sprichwort benutzen viele Eltern, um ihre Kinder zur Arbeit anzuspornen. In diesem Satz steckt natürlich ein Stück Wahrheit. Wer sich nur hängen lässt, dessen Leben wird nicht gelingen. Er leidet an Unterforderung. Muße ist nicht Müßiggang. Müßiggang ist das Sich-hängen-Lassen, die Interesselosigkeit. Ich lebe einfach so dahin. Wer die Muße genießt, lebt nicht unbewusst. Im Gegenteil, er kostet das Leben aus. Er interessiert sich dafür, wie das Leben gelingt. Der heilige Benedikt hebt in seiner Regel dieses Sprichwort auf die psychologische Ebene. Er beginnt sein Kapitel über die tägliche Handarbeit mit dem Satz: „Müßiggang ist ein Feind der Seele. Deshalb sollen sich die Brüder beschäftigen: zu bestimmten Zeiten mit Handarbeit, zu bestimmten anderen Stunden mit heiliger Lesung" (*RB 48,1*). Benedikt sieht also Zeiten des Lesens vor. Lesen ist kein Müßiggang. Müßiggang meint das Unbeschäftigtsein und letztlich das Unbezogensein. Der Müßiggänger hat keine Beziehung zu den Dingen und zu sich selbst. Er kann mit sich selbst nichts anfangen. Deshalb läuft er einfach nur so herum. Psychologen haben festgestellt, dass die Beziehungslosigkeit die Krankheit unserer Zeit ist. Einfach nur herumhängen tut der Seele nicht gut. Das nimmt all ihre Spannkraft. Sie erschlafft und wird träge.

BESUCH DER MUSEN

In der Muße – so glaubten die Griechen und Römer – greifen wir nicht ein in das Geschehen der Welt. Wir öffnen uns. Wir lassen uns selbst los und überlassen uns Gott. Wir überlassen uns dem Augenblick. Wir überlassen uns dem Schauen und Horchen, um so in die Tiefen des Seins einzudringen. Die großen, „die glücklichen, die niemals erjagbaren Einsichten und Einfälle" werden uns „vor allem in der Muße zuteil" (*Pieper 54*). Wenn wir unser angestrengtes Wollen einmal loslassen, geht uns das Geheimnis der Welt und des Daseins auf. Da sind wir offen für das Wesentliche. Im Deutschen klingt das Wort „Muße" ähnlich wie „Muse". Die Musen sind für die Griechen die Schutzherrinnen für Gelehrsamkeit, Musik und Dichtkunst. In der Muße besuchen uns die Musen, um uns einzuführen in das wahre Wissen. Und sie befruchten unseren Geist, dass er seine Gedanken und Ahnungen in Dichtung und Musik zum Ausdruck bringt. Die Muße ist auch der Ort, an dem ich mir die Erlaubnis gebe, einfach nur ein Gedicht zu lesen, nicht um darüber etwas zu sagen, sondern um mich berühren zu lassen. Und in der Muße gönne ich mir, Musik zu hören, ohne sie zu interpretieren, sondern nur um absichtslos die Schönheit der Musik in mich aufzunehmen.

Das griechische Wort für Muße ist „schole". Das meint: Schule. Ursprünglich meint das griechische Wort „innehalten". Es kommt vom Stamm „echein", das „haben, halten, besitzen, einhalten" bedeutet. In der Muße halte ich also inne. Ich habe etwas in der Hand, das mir gehört. Ich gehöre nicht dem, der mir befiehlt zu arbeiten. Ich gehöre mir selbst und ich gehöre Gott. „Schole", Schule, ist für die Griechen der Ort, an dem wir innehalten, um uns während der Mußestunden mit den eigentlichen Dingen des Lebens zu beschäftigen, mit dem Wissen über das Leben, mit Kunst und Wissenschaft, mit Dichtung und Musik. Für den griechischen Philosophen Platon ist die Muße die Voraussetzung der Philosophie. Nur in der Muße kann sich die Seele in die Schau der Dinge versenken. Muße ist also nichts Passives. Wir lernen etwas in der Muße. Wir lernen zu leben. Wir lernen, wer wir sind, worin der Sinn des Lebens besteht. Wir haben Zeit, uns Gedanken zu machen, ob unser Leben, so, wie wir es leben, noch stimmt. Und in der Muße spüren wir, was stimmig für uns ist. Sie richtet uns aus auf das Wesentliche.

DEN AUGENBLICK GENIESSEN

Für den anderen großen griechischen Philosophen Aristoteles ist die Muße für den Menschen die Bedingung, Glück zu erfahren. Glücklich ist der Mensch nach Aristoteles nur dann, wenn er mit sich selbst in Einklang kommt. In der Muße steht der Mensch nicht unter Druck, etwas leisten zu müssen. Er hat Zeit für sich selbst. Er genießt die Zeit, um eins zu werden mit dem Augenblick, aber auch eins zu werden mit sich selbst. Das bedeutet Glück: einverstanden sein mit dem Leben. Muße ist daher immer Zustimmung zur Welt, Zustimmung zum Leben, Zustimmung zu mir selbst. Glücklich sind die Augenblicke, in denen wir nichts wollen, sondern absichtslos da sind, im Einklang mit unserer Seele, im Einklang mit der Welt. Wir brauchen solche Augenblicke der Muße, um das Glück zu erfahren, das uns vor Augen liegt. Wir müssen das Glück nicht mühsam erarbeiten. Es überkommt uns, wenn wir intensiv leben. Und eine Weise des intensiven Lebens ist das Genießen des Augenblicks, wozu uns die Muße einlädt.

Ein friedliches Leben

Die Römer verstanden unter „otium" die Zeit, in der wir frei sind von Amtsgeschäften, aber auch frei von der Bedrängnis von Feinden. Wer Muße hat, der lebt im Frieden mit der Welt. Er wird nicht bedroht von bösen Menschen. Otium meint ein ruhiges Leben. Wir sind nicht gehetzt. Hetzen kommt ja von hassen. Muße haben meint: Zeit haben. Ich habe Zeit zum Studieren und zum Gespräch. Ich schaue nicht auf die Uhr. Ich stehe nicht unter Druck. Wer immer nur gehetzt wird von den Anforderungen des Lebens, der versäumt etwas Wesentliches: die Erfahrung von Freiheit, von Ruhe und von Frieden. In der Ruhe liegt die Kraft, sagt das Sprichwort. Wer in der Muße die Ruhe genießt, der verliert seine Nerven nicht, wenn die Anforderungen des Alltags auf ihn einströmen. Er weiß, dass er sich immer wieder Zeiten der Muße gönnen darf, in denen er Abstand bekommt zu den Geschäften des Alltags. Und in der Sehnsucht nach „otium" ist auch die Sehnsucht nach Frieden. Er möchte in Frieden mit den Menschen leben, in Ruhe angesichts der vielen Parteiungen. In der Muße – so meinten die Römer – engagieren wir uns nicht für irgendeine Partei. Da sind wir ganz bei uns und lassen uns von keiner Gruppierung vereinnahmen.

WÜRDE DES ALTERS

Einem Mann, einer Frau, die in Pension gingen, wünschte man früher mit einem lateinischen Ausdruck „otium cum dignitate", eine Muße in Würde, eine Muße in Anstand, eine Muße, die man vorzeigen kann. Denn „dignus" (würdig, wert) kommt vom griechischen Wort „deiko", „zeigen". Wenn wir einem älteren Menschen „otium cum dignitate" wünschen, dann wünschen wir ihm, dass er die Muße genießen kann, dass er dankbar ist für das, was er geschaffen hat, aber auch dankbar für die Zeit, die ihm geschenkt ist. Aber es soll auch eine Zeit sein, die er vorzeigen kann, die er mit Würde lebt. Heute ist es modern, im Alter seinen Wert noch in seiner Leistung zu sehen und sich daher anzustrengen, noch mehr zu leisten als die Jungen. Doch wer sich im Alter ausschließlich von seiner Leistung her definiert, der kommt uns bemitleidenswert vor. Manche staunen vielleicht noch über seine Arbeitskraft. Aber ein Alter, der die Muße nicht genießen kann, lebt an seinem Wesen vorbei. Er hat seine Würde als Mensch vergessen. Ein alter, ruhiger und weiser Mann, eine weise alte Frau strahlen Ruhe und Würde aus. Muße und Würde gehören zusammen. Das eine ist nicht ohne das andere zu haben.

Das Wort Muße klingt heute altmodisch. Wir sprechen von Freizeit und Urlaub. Und viele stopfen ihre Freizeit mit allen möglichen Aktivitäten zu. Sie haben Angst, sie könnten irgendetwas Wichtiges, was man unbedingt erleben muss, versäumen. Muße ist das Gegenteil. Da lasse ich mir Zeit. Da gehe ich den Tag bewusst langsamer an. Vor einigen Jahren gab es ein Kultbuch, „Die Entdeckung der Langsamkeit". Wer das Leben langsamer lebt, scheint zunächst benachteiligt zu sein. Doch der Held dieses Romans zeichnet sich gerade durch seine Langsamkeit aus und kommt damit zum Ziel. Die Mönche sprechen von einer krankhaften Langsamkeit, wenn man zu sehr mit sich und seinen Problemen beschäftigt ist und daher nicht frei ist, sich auf die Arbeit, auf die Menschen einzulassen. Aber es gibt auch die gute Langsamkeit, in der ich ganz im Augenblick bin. Wenn ich manchmal bewusst langsam durch den Kreuzgang gehe, dann genieße ich diese Langsamkeit. Ich genieße jeden Schritt. Ich gehe ganz bewusst. Das gibt meinem Gehen eine andere Qualität. Ich bin ganz da, im Einklang mit allem, was ist.

Im Deutschen kennen wir das Wort Feierabend. Auch wenn es uns oft nicht bewusst ist, hat dieses Wort durchaus mit Muße zu tun. Das Wort „Ferien" kommt von „feriae". Dies sind die Tage, an denen keine Geschäfte vorgenommen werden und die Arbeit ruht. Die Ferien waren immer auch mit gottesdienstlichen Feiern verbunden. Feriari heißt: frei sein von der Arbeit und feiern. Feiern hat religiösen Charakter. Die Römer feierten die Götter, die ihrem Volk Wohltaten schenkten. Die Christen feiern die Feste des Kirchenjahres, an denen sie die Heilung und Erlösung durch Jesus Christus mit feierlichen Gottesdiensten begehen. Der Feierabend ist der Abend vor dem Festtag. Da macht man sich schon frei für die Feier. Die stoischen Philosophen meinen, jeder Tag sei ein Festtag. Unser ganzes Leben sei ein Fest. Daher sei es wert, mit bestimmten Ritualen begangen zu werden. Am Festtag wird uns bewusst, dass uns unser Leben geschenkt wird. Das können wir an jedem Tag neu erleben, wenn wir den Morgen mit einem Ritual begehen, wenn wir im Morgengebet Gott dafür danken, dass er uns diesen Tag geschenkt hat, dass er uns das Fest des Lebens geschenkt hat, das wir heute feiern.

Geniesse die Ruhe

Nach dem Blick in die Geschichte der Muße lade ich dich ein, die Muße zu lernen und zu genießen. Beginne damit, dass du dir einfach mal Zeit nimmst, dich bequem in deinen Sessel zu setzen und zu schauen. Schaue dein Zimmer an, die Bilder, die du aufgehängt hast, die Bücher, die du im Regal stehen hast, und die Erinnerungsstücke, die dir dein Leben vor Augen halten. Genieße die Ruhe, die von deinem Zimmer ausgeht. Du wohnst dort. Du bist dort zu Hause. Aber mit dir ist auch Gott, der dein Zimmer mit seiner heilenden und liebenden Gegenwart erfüllt. Genieße es, nichts tun zu müssen. Du musst auch nicht nachdenken. Du bist einfach da. Du spürst dich selbst, deinen Atem, deine Sinne, deinen Leib. Es muss gar nichts herauskommen bei der Muße, die du dir gönnst. Lass einfach die Pläne für morgen, lass die Sorgen, die Ängste. Sie werden kommen. Du musst sie nicht verscheuchen. Aber du bist mit allem, was dich bewegt, jetzt hier auf deinem Sessel und sagst Ja zu deinem Leben, auch zu der Traurigkeit, die vielleicht in dir aufsteigt. Alles darf sein. Alles ist gut. Denn Gott hat alles gut gemacht.

Gehe im Wald spazieren. Aber verzichte darauf, dich unter Druck zu setzen, wann du wieder daheim sein musst oder wie viele Kilometer du gehen solltest, damit du dein Gewicht halten kannst. Versuche, bewusst langsam zu gehen. Im langsamen Schreiten verlangsamst du dein Leben, sodass du es wieder selber leben kannst, anstatt gelebt zu werden. Schaue dich um. Was siehst du? Betrachte die Bäume, wie sie hoch wachsen. Schau auf das Licht, das durch die Blätter einfällt. Rieche den Wald. Der Geruch wird in dir viele Erinnerungen an deine Kindheit wachrufen, Erinnerungen daran, wie du dich geborgen, getragen, angenommen gefühlt hast, Erinnerungen an Erlebnisse, in denen dir etwas Wichtiges aufgegangen ist. Höre auf das Rauschen des Waldes, auf das Singen der Vögel. Du musst nichts Besonderes erleben. Aber wenn du ganz in deinen Sinnen bist und ganz in dem, was du gerade tust, wird dieser kleine Spaziergang dir alles schenken, was du brauchst. Du bist ganz im Hier und Jetzt. Du spürst das Leben. Das genügt.

Suche einen Ort der Stille auf. Jeder hat seinen Lieblingsort, an dem er die Stille wahrnimmt, die diesen Ort ausmacht. Die Stille ist schon da. Du musst sie nicht schaffen. Doch damit du die Stille spüren kannst, musst du stehen bleiben. Das Wort „still" kommt von „stellen" und „stehen bleiben". Die Stille, die uns umgibt, können wir nur wahrnehmen, wenn wir stehen bleiben, innehalten. Horche in diese Stille hinein! Was macht sie mit dir? Sie führt dich ein in das Geheimnis des Seins. Wenn kein Lärm dich stört, wenn du nur das Rauschen des Waldes oder das Plätschern des Baches hörst, dann fühlst du dich frei. Du bist einfach da. Niemand will etwas von dir. Du darfst so sein, wie du bist. Die Stille ist immer etwas Geheimnisvolles. In ihr öffnet sich für dich das Geheimnis der Welt. Letztlich verweist die Stille immer auf Gott. Gott spricht zu dir in der Stille. Er möchte dir sagen, was jetzt für dich wichtig ist. Vielleicht verstehst du nicht, was Gott dir sagen möchte. Aber allein die Stille spricht schon. Sie sagt dir: Lass all das, womit du dich wichtigmachst. Es gibt anderes. Sei selber still. Dann spürst du, worauf es ankommt.

ERFÜLLTE ZEIT

Vielleicht kennst du eine Bank am Waldrand, von der aus du die weite Landschaft betrachten kannst. Ich kenne solche Bänke. Wenn ich mich auf diese Bank setze, dann genieße ich die Landschaft. Ich schaue nur. Es ist eine friedliche Landschaft: Wiesen und Felder und in der Ferne kleine Dörfer mit ihren Kirchtürmen. Ich fühle mich inmitten der Landschaft getragen und geborgen. Da höre ich keine Kritik an mir. Da erreichen mich die Erwartungen und Ansprüche der Menschen nicht. Ich sitze einfach da. Ich bin Teil der Landschaft. Und wenn ich in die Weite schaue, kommen Erinnerungen an all die Menschen, die in dieser Landschaft leben, die von ihr geprägt sind und die sie geprägt haben. Was hat sie bewegt? Welche Sehnsucht hat sie erfüllt? So habe ich teil an ihrem Leben, an ihrer Sehnsucht. Es ist erfüllte Zeit, wenn ich so dasitze. Ich kann zwar nachher nicht sagen, was das Ergebnis meines Tuns ist. Aber ich habe das Gefühl: Ich war ganz ich selbst. Ich war mitten im Leben.

DER DUFT DER BLUMEN

Joachim Ringelnatz hat wunderbare satirische Gedichte geschrieben. In einem solchen Gedicht nimmt er den aufs Korn,
der keinen Sinn mehr für die Muße hat:

> Du weißt nicht mehr, wie Blumen duften,
> Kennst nur die Arbeit und das Schuften –
> … So geh'n sie hin, die schönsten Jahre,
> Am Ende liegst du auf der Bahre
> Und hinter dir, da grinst der Tod:
> Kaputtgerackert – Vollidiot!

In der Muße nehme ich wahr, wie die Blumen duften. Da nehme
ich wahr, wie die Vögel singen, wie die Stimmung am Morgen
und am Abend ist. In der Muße entdecke ich den Reichtum des
Lebens. Wenn ich mich nur von der Arbeit her definiere und immer mehr und immer schneller arbeiten will, dann gehe ich am
Eigentlichen des Lebens vorbei.

Wenn du Musik liebst, dann wirst du dich sicher gerne an Mußestunden erinnern, in denen du in ein Konzert gegangen bist oder daheim deine Lieblings-CD gehört hast. Für mich gehört die Muße beim Musikhören zu meinem sonntäglichen Ritual. Da lege ich eine CD mit einer Bachkantate ein und lasse die Musik in mich eindringen. Um meine Zimmernachbarn nicht zu stören, höre ich die Musik über Kopfhörer. Ich mache die Augen zu und spüre mit dem ganzen Leib die Musik. Die Töne durchdringen Leib und Seele und versetzen mich in eine heilsame Schwingung. Daheim im geschützten Raum Musik zu hören ist für mich ein tiefes Erlebnis. Doch in ein Konzert zu gehen ist noch einmal etwas anderes. Jedes Jahr haben wir in unserer Abteikirche ein großes Konzert mit exzellenten Musikern. Ich genieße es, mich in die Kirche zu setzen und der Musik zu lauschen, die jetzt, gerade in diesem Augenblick, engagierte Musiker spielen. Da vergesse ich den Alltag. Ich vergesse auch alles, was ich über den Komponisten und seine Musik gelesen habe. Ich höre einfach. Ich lasse mich von der Musik in die Höhen und Tiefen des Menschseins hineinführen. Und manchmal öffnet sich dann der Himmel über mir. Und die Zeit steht still.

Ich freue mich jeden Tag, dass ich nach dem Frühstück 45 Minuten lang in einem Buch lesen kann. Ich wähle mir die Bücher gut aus. Dann vertiefe ich mich in das Buch. Allein durch das Lesen tauche ich ein in eine andere Welt. Gerade wenn ich die alten Kirchenväter lese, frage ich mich immer, welche Erfahrungen diese Menschen gemacht haben, dass sie solche Worte schreiben. In ihren Worten berührt mich ihre Wirklichkeit, aus der heraus sie gelebt haben. Das Lesen entführt mich aus dem Alltag in eine Welt, in der ich in Berührung komme mit meinem innersten Kern. Da entdecke ich Neues in mir. Für die Griechen und Römer war das Lesen von Büchern eine Hauptbeschäftigung der Muße. Sie spürten, dass im Lesen ihre Seele lebendig wurde, dass sie beim Lesen erkannten, wer sie eigentlich sind. So wünsche ich dir, dass du dich beim Lesen nicht unter Druck setzt. Du musst nicht alles verstehen und nicht alles sofort befolgen. Allein in dem Augenblick, in dem du liest, bist du ganz bei dir und zugleich in einer anderen Welt, in einer Welt, zu der die konkreten Anforderungen deines Alltags keinen Zutritt haben.

GLÜCK ERFAHREN

Die Muße besteht in der Kunst, sich selbst vergessen zu können. Das Paradox unseres Lebens besteht darin, dass wir gerade dort, wo wir uns vergessen, ganz gegenwärtig sind, ganz wir selbst sind. Dieses Sich-Vergessen kann ich nicht einfach machen oder mir vornehmen. Aber wenn ich in der Muße mich vergesse, wenn ich aufhöre, alles zu bewerten, wenn ich aufhöre, danach zu fragen, ob ich jetzt schon ruhig bin oder nicht, wie weit ich auf meinem spirituellen Weg bin, was es mir bringt, wenn ich einfach nur dasitze und schaue und höre und rieche, wenn ich einfach nur bin, dann erfahre ich wahre Muße. Und dann ahne ich, was Glück heißt. Ich will das Glück nicht erhaschen. Denn auch das ist Windhauch. Ich bin einfach nur. Wenn ich bin, ohne mein Sein zu bewerten, dann bin ich in diesem Augenblick glücklich. Ich erfahre es für diesen Augenblick. Und das genügt.

VI

Vom Zauber
der Sehnsucht

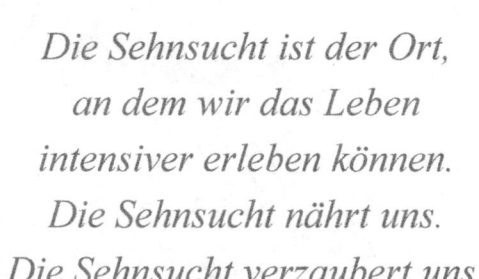

Die Sehnsucht ist der Ort,
an dem wir das Leben
intensiver erleben können.
Die Sehnsucht nährt uns.
Die Sehnsucht verzaubert uns.

BLAUE BLUME

Sehnsucht ist für viele ein altmodisches Wort. Sie verbinden es mit der Zeit der Romantik. Damals schwärmte man von der blauen Blume, einem Sinnbild der Sehnsucht, die die Menschen antrieb, hinauszuwandern in die Weite der Natur, um das zu suchen, was ihren wahren Hunger stillte. Der Psychiater Sigmund Freud meinte, die Sehnsucht sei das Kennzeichen eines kranken Menschen. Der gesunde Mensch sehne sich nach nichts mehr. Er versöhne sich mit der Realität seines Lebens. Aber diese Haltung ist eher pessimistisch. Sie lässt den Träumen keinen Raum. Heute deutet die Psychologie die Sehnsucht ganz anders. Für die Therapeutin Verena Kast kommt dem Menschen in der Sehnsucht das aus seiner eigenen Seele entgegen, was ihm an seiner Ganzheit fehlt. Der Psychotherapeut Arno Grün meint, die Sehnsucht nach Liebe wäre für unsere Welt überlebensnotwendig. Wenn wir keine Sehnsucht mehr nach Liebe und Angenommensein hätten, würden wir uns von der Angst vor dem Fremden bestimmen lassen. Das aber würde zur Ablehnung der Fremden in unserer Gesellschaft führen, weil wir das Fremde in uns verleugnen. Die Sehnsucht nach Ganzheit, nach Harmonie all des Fremden mit dem Bekannten in unserer Seele, ermöglicht uns den Frieden mit uns selbst und mit den Menschen, die uns als Fremde gegenübertreten. Ich wünsche dir, dass dich die Sehnsucht immer wieder beflügelt und inspiriert.

BLICK AUF DIE STERNE

Das lateinische Wort für „Sehnsucht" lautet „desiderium". Die Lateiner denken also bei Sehnsucht an die Sterne (sidera). Die Vorsilbe „de" meint, dass die Sehnsucht die Sterne nach unten zieht, auf die Erde. In der Sehnsucht erheben wir unsere Herzen zu den Sternen. Wir schauen auf zu den Sternen und zugleich versuchen wir, die Sterne zu uns auf die Erde zu ziehen, damit sie in uns selber leuchten. Sterne vermitteln Heimat. So singt das allbekannte Lied „Heimat, deine Sterne". Der Blick auf die Sterne verbindet uns mit den Menschen, mit denen wir uns eins fühlen, die jetzt – weit von uns entfernt – wie wir zu den Sternen aufschauen. Die Sehnsucht ist keine Flucht vor der Realität unseres Lebens, sondern sie will die alltägliche Wirklichkeit mit dem geheimnisvollen Licht der Sterne durchdringen. Sie will die Spur der Transzendenz in diese Welt eingraben. Gott hat – so meint die jüdische Dichterin Nelly Sachs – in den Sand dieser Welt die Sehnsucht hineingewoben. Wir ahmen in der Sehnsucht nur nach, was Gott schon vor uns getan hat. Gott selbst hat die Sterne in die Erde hineingelegt. Die Erde sehnt sich nach dem Himmel. Nur Himmel und Erde zusammen bilden das Weltall. Nur wenn in unserer Seele Himmel und Erde miteinander verbunden sind, leben wir unserem Wesen als Menschen gemäß.

HEIMAT IM SINGEN

Das Singen stachelt unsere Sehnsucht an. Augustinus bringt den Vergleich mit den Wanderern. Damals ist man bei Nacht gewandert, um den Räubern zu entgehen. Aber zugleich hatte man Angst in der Nacht. Also sang man die Lieder von der Heimat, um die Angst zu vertreiben. Dieses Bild ist für Augustinus der Schlüssel für unser Singen im Gottesdienst, vor allem für das Singen der Psalmen. Wir singen die Psalmen, um in uns die Sehnsucht nach der wahren Heimat, nach Gott, zu wecken. Im Singen wächst die Sehnsucht nach unserer Heimat. Was Augustinus hier von den Psalmen und frommen Hymnen sagt, gilt in abgewandelter Weise auch für das Singen unserer Volkslieder. Wenn ich in einem Kreis von Menschen Volkslieder singe, die oft von einer melancholischen Stimmung geprägt sind, dann wächst in mir die Sehnsucht nach einer Welt der Liebe und der Geborgenheit, nach der Heimat. Die Sicht auf die Heimat ist dabei nie nur rückwärtsgewandt, als ob wir die alte Zeit verklären würden. In den Volksliedern klingt vielmehr etwas auf von einer Sehnsucht nach einer Welt, in der wir einander Brüder und Schwestern sind und in der uns die Liebe im Innersten verbindet.

Für mich ist die Sehnsucht nach Gott der Weg, die Wunden meiner Kindheit zu heilen und mich mit meiner Vergangenheit auszusöhnen. Sie ist keine Flucht vor der Realität. Vielmehr ermöglicht mir die Sehnsucht, mich mit der Durchschnittlichkeit meines Lebens auszusöhnen. Vor 38 Jahren habe ich einmal ein Sensitivity-Training gemacht. Dort wurden wir in einer Art Meditation in Situationen unserer Kindheit zurückgeführt, in denen wir allein gelassen wurden und uns verlassen und verletzt fühlten. Mich hat diese Übung in eine tiefe Krise gestürzt. Ich hatte immer gedacht, ich hätte eine heile Kindheit erlebt. Doch nun entdeckte ich auch meine Defizite. In mir kam das Gefühl hoch, zu kurz gekommen zu sein, nicht genügend Liebe bekommen zu haben. Doch ein paar Jahre später saß ich allein an einem See. Da ging mir auf einmal auf: „Es ist gut, dass ich nicht satt geworden bin. Denn das hat in mir die Sehnsucht nach Gott wachgehalten. Und es hat mich offen gemacht für die Menschen – dass ich mich danach sehne, die Menschen zu verstehen und ihnen auf ihrem Weg beizustehen."

Sich mit der
eigenen Geschichte versöhnen

In diesem Augenblick war ich versöhnt mit meiner Geschichte. Ich hörte auf, andere für meine Defizite verantwortlich zu machen. Ich war dankbar für die guten Quellen, die ich von meinen Eltern bekommen habe, aber auch für die Mängel, die es in jeder Erziehung gibt. Die Sehnsucht hat mein Leben fruchtbar werden lassen. Ohne die Sehnsucht, die durch die Wunde aufgebrochen ist, hätte ich wohl kaum so viele Bücher geschrieben, die immer von dem Bestreben bestimmt sind, den Menschen Mut zu machen, sich auszusöhnen mit ihrer Lebensgeschichte. Wenn wir mit unserer Sehnsucht in Berührung kommen, hören wir auf, andere anzuklagen für das, was wir nicht erhalten haben. Es ist gut, dass nicht alle unsere Wünsche erfüllt worden sind. Denn gerade das hält uns auf dem Weg. Das weckt unsere Sehnsucht. Und diese hält uns lebendig und schenkt unserem Leben Fruchtbarkeit. Unsere Wunden hindern uns nicht mehr am Leben, sie werden vielmehr zu Perlen. Sie werden zum Segen für uns und für andere Menschen.

(Sehn-)Sucht

Vor allem beim Thema „Sucht" gilt, dass die Sehnsucht unsere Wunden heilt. Vor ein paar Jahren lud mich ein Schweizer Chefarzt zu einer Sucht-Tagung ein und bat mich um den Vortrag: „Sucht in Sehnsucht verwandeln". Er war davon überzeugt, dass die Sucht nicht allein durch Disziplin oder durch eine Verhaltenstherapie geheilt werden könne, sondern erst dann, wenn sie in Sehnsucht verwandelt würde. Sucht ist ja immer verdrängte Sehnsucht. Ich sehne mich letztlich nach Liebe, nach gelingendem Leben, dem Mutterschoß, in dem ich mich immer geborgen fühlte. Statt mich zu verurteilen wegen meiner Sucht, soll ich nach der Sehnsucht fragen, die sich in ihr ausdrückt. Wenn ich mit der Sehnsucht in Berührung komme, dann brauche ich die Sucht nicht mehr. Sie wird vielmehr zur Freundin, die mich daran erinnert, mit meiner Sehnsucht in Berührung zu kommen. Die Sucht als Struktur – so sagen die Psychologen – bleibt. Aber sie wird nicht zum Feind, den ich bekämpfen muss, sondern vielmehr zur Freundin, die mich mit meiner Sehnsucht in Berührung bringt. Wenn ich die Sucht so verstehe, muss ich mich nicht mehr dafür schämen. Ich bin vielmehr dankbar, dass sie mich wieder mit meiner Sehnsucht in Berührung gebracht hat. So hört die Sucht auf, mich im Griff zu haben. Ich höre die Sehnsucht, die sich darin regt.

Liebe ist Qualität des Seins

Ich erlebe viele Menschen, die in der Kategorie „Alles oder nichts" denken. Wenn sie heiraten, wollen sie alles haben. Sie wollen immer die Liebe des Partners spüren und sich immer von der Liebe getragen fühlen. Wenn sie dann einmal diese Liebe nicht spüren, weil sie im Alltag nicht mehr so stark ausgedrückt wird, dann haben sie das Gefühl, sie hätten die Liebe ganz und gar verloren. Weil sie die Liebe im Augenblick nicht spüren, ist alles nichts. Sie jammern dann entweder, dass sie die Liebe verloren haben. Oder sie trennen sich. Doch bei der nächsten Partnerschaft werden sie die gleiche Erfahrung machen. Kein Ehepartner wird unsere Sehnsucht nach Liebe ganz und gar erfüllen. Doch sowohl die Erfüllung, die ich in der Liebe erfahre, als auch die Enttäuschung, die nie ausbleibt, wollen letztlich meine Sehnsucht nach einer Liebe locken, die größer ist als das Gefühl. Es ist die Liebe als Qualität des Seins. Es ist letztlich die göttliche Liebe.

Unendliche Fülle

Die Dichter haben die Sehnsucht besungen, vor allem die Dichter der Romantik. Von Novalis stammt das schöne Gedicht „Hymne"; hier ein Auszug:

Hätten die Nüchternen
Einmal gekostet,
Alles verließen sie,
Und setzten sich zu uns
An den Tisch der Sehnsucht,
Der nie leer wird.
Sie erkennten der Liebe
Unendliche Fülle,
Und priesen die Nahrung
Von Leib und Blut.

Novalis wendet sich an die Nüchternen, die alles nur mit ihrem Verstand beurteilen, die ihre Gefühle verdrängen und meinen, sie könnten ihr Leben rein rational gestalten. Wenn die Nüchternen einmal von der Sehnsucht gekostet hätten, wenn sie sich durch Liebe einmal hätten berühren lassen, wenn sie sich für das Göttliche geöffnet hätten, dann würden sie sich zu uns an den Tisch der Sehnsucht setzen. Der Tisch der Sehnsucht wird nie leer.

LIEBESSCHMERZ

Noch bekannter als das Gedicht des romantischen Dichters Novalis ist das Gedicht „Mignon" aus dem Roman „Wilhelm Meis-
ters Lehrjahre" von Johann Wolfgang von Goethe, dem Dichter-
fürsten der Klassik:

Nur wer die Sehnsucht kennt,   Ach! der mich liebt und kennt,
Weiß, was ich leide!   Ist in der Welt.
Allein und abgetrennt   Es schwindelt mir, es brennt
Von aller Freude,   Mein Eingeweide.
Seh ich ans Firmament   Nur wer die Sehnsucht kennt,
Nach jener Seite.   Weiß, was ich leide!

Da leidet ein Mensch unter der Trennung von einem Menschen,
den er liebt. Er schaut auf zum Himmel, bald hierhin und bald
dorthin. Ihm wird gleichsam schwindelig vom Schauen. Er
kommt nicht zur Ruhe. In seinem Innern brennt es. Der Liebes-
schmerz durchdringt den Dichter ganz und gar. All sein Denken
ist von der verwundeten Liebe bestimmt. So sucht der Dichter
die Gemeinschaft mit dem Leser. Er sucht nach jemandem, der
ihn versteht. Dabei muss er dem Leser gar nicht genau die Erfahrung seines Leids schildern.

Von Nelly Sachs, der jüdischen Dichterin, heißt es, dass sie die Sprache der Sehnsucht gesprochen habe. Sie bittet den Engel, dass er den Sand segne und ihn die Sprache der Sehnsucht verstehen lasse:

> Segne den Sand,
> Lass ihn die Sprache der Sehnsucht verstehn,
> Draus ein Neues wachsen will aus Kinderhand,
> Immer ein Neues.

Nelly Sachs ist davon überzeugt, dass in allem, was uns in dieser Welt begegnet, Sehnsucht verborgen ist. Im Sand ist die Sehnsucht verborgen, Neues zu gestalten, die Welt so zu gestalten, dass wir darin Heimat finden. Wenn Kinder mit dem Sand spielen, dann formen sie daraus etwas, was ihrer Fantasie entspricht. Sie drücken ihre Wünsche nach einer heilen Welt im Sand aus. Im Sand ist also die Verheißung von Geborgenheit. Das gilt aber für alles, was uns im Leben begegnet. Der Herd verweist uns auf die Sehnsucht nach Wärme, nach Heimat, nach Gemeinschaft und nach einer Nahrung, die uns wirklich nährt. In jeder Tür steckt die Sehnsucht, dass wir den Zugang finden zu unserem eigenen Herzen und zu den Herzen der Menschen.

FLUSS DES LEBENS

Im Wasser ist die Sehnsucht verborgen, dass wir immer aus der Quelle heraus leben, die uns erfrischt, die uns stärkt und die uns nie innerlich vertrocknen lässt. Zugleich begegnen wir im Wasser der Sehnsucht, uns zu reinigen von allem, was uns immer wieder beschmutzt. Wer sich an einen Fluss setzt und dem strömenden Wasser zusieht, der kommt mit der Sehnsucht in Berührung, die darin liegt. Es ist die Sehnsucht, dass auch unser Leben zum Fließen kommt und unser Lebensfluss nicht ins Stocken gerät. Und es ist die Sehnsucht, dass all das, was uns Probleme bereitet, vom Strom mitgerissen wird. Wenn wir den Wellen des Meeres zusehen, spüren wir in uns die Sehnsucht, dass sie all das rein spülen mögen, was sich am Strand unseres Lebens immer wieder an Unrat ansammelt. Die Sehnsucht ist nicht eine Flucht aus der Welt. Sie lädt uns vielmehr ein, die Dinge dieser Welt mit anderen Augen anzuschauen. Dann werde ich in allem, was mir begegnet, die Sehnsucht nach dem Eigentlichen erkennen, die Sehnsucht nach erfülltem Leben.

SEELENNAHRUNG

Der österreichische Schriftsteller und Arzt Arthur Schnitzler hat einmal gesagt: „Die Sehnsucht ist es, die unsere Seele nährt, und nicht die Erfüllung." Wir denken, dass die Sehnsucht uns eher hungrig macht. In dem Wort „Sehnsucht" steckt ja einmal das „Sehnen". Es kommt von der Sehne, die sich spannt, um einen Sprung zu machen. Sehnsucht bedeutet also, unsere Aufmerksamkeit zu spannen, um über das Vordergründige hinwegzuspringen und das ganz Andere, das Ewige, das Transzendente zu erreichen. Der zweite Teil des Wortes, „Sucht", kommt nicht von Suche, sondern von „siech sein, krank sein". Die Sehnsucht scheint uns also eher krank zu machen, als zu nähren. Und dennoch hat Schnitzler recht. Wenn wir Erfüllung erfahren haben, etwa wenn wir eine gute Prüfung geschrieben haben, wenn ein Projekt gelungen ist, dann gibt es zwar ein Gefühl von Zufriedenheit und Dankbarkeit. Aber viele kennen auch die Depression des Erfolgs. Nach einem Erfolg schweben wir nicht im Glücksgefühl, sondern geraten oft in ein Stimmungstief. Wir waren auf die Erfüllung hin ausgestreckt. Wenn sie eingetreten ist, lässt die Spannung nach und wir spüren, dass wir nicht alles erreicht haben. Da ist es die Sehnsucht, die unsere Seele nährt. Die Seele will nicht satt werden. Sie will genährt werden, damit sie sich weiterhin ausstreckt nach dem, was die Sehnsucht wirklich zu erfüllen vermag.

BLÜHENDE LANDSCHAFT

Die Sehnsucht führt mich zwar über diese Welt hinaus, aber nicht von ihr weg. Vielmehr schenkt mir die Sehnsucht neue Augen, um diese Welt aufmerksamer und sensibler anzuschauen. Der französische Schriftsteller Marcel Proust schreibt einmal: „Die Sehnsucht lässt alle Dinge blühen." Die Wahrheit dieses Satzes habe ich schon oft erlebt. Wenn ich in eine Landschaft schaue und mich nicht fixiere auf das, was ich sehe, sondern mit einem Blick der Sehnsucht alles betrachte, dann wird mir die Landschaft in ihrem Geheimnis aufgehen. Ich bin fasziniert von ihrer Schönheit. In mir wird die Sehnsucht nach absoluter Schönheit geweckt. Wenn ich ein verschlafenes Dorf mitten in einer schönen Landschaft betrachte, den Kirchturm und die Ruhe, die das Dorf umgibt, dann erinnert mich der Blick an die Sehnsucht nach Heimat, nach Gemeinschaft, nach Geborgenheit, nach Eingebettetsein in eine Tradition, die in diesem Dorf seit Jahrhunderten gelebt wird und es den Dorfbewohnern offensichtlich ermöglicht hat, ihr Leben in einer guten Weise zu meistern. Ich genieße es manchmal, auf einer Bank zu sitzen und einfach in die Landschaft zu schauen. Wenn ich in meinen Blick die Sehnsucht hineinlege, dann blüht die Landschaft auf. Ich fühle mich als ein Teil von ihr, getragen, geborgen, angenommen, lebendig und schön wie sie.

DER LIEBE LAUSCHEN

Es gibt nicht nur einen Blick der Sehnsucht, sondern auch Ohren der Sehnsucht. Wenn ich mit den Ohren der Sehnsucht Musik höre, dann berührt sie mich auf ganz neue Weise. Ich höre beispielsweise die Arie der Gräfin „Dove sono" aus der Oper „Die Hochzeit des Figaro" von Wolfgang Amadeus Mozart. Da höre ich nicht nur eine schöne Stimme und eine schöne Melodie. Im Hören spüre ich vielmehr die Sehnsucht nach einer Liebe, die alles in mir verwandelt. Es ist nicht nur die Liebe zwischen Mann und Frau, die hier besungen wird. Es wird das Geheimnis der Liebe überhaupt hörbar. Mit den Ohren der Sehnsucht spüre ich diese Liebe, die mich ganz und gar erfüllt und mich über diese Welt hinaushebt. Im Hören bin ich eins mit dieser Liebe, mit der erotischen Liebe, die ich in mir kenne, aber auch mit der göttlichen Liebe, mit der „agape", von der die Bibel immer wieder spricht. Im Hören werde ich eins mit dem Gehörten. Ich fühle mich zugehörig. Martin Heidegger meinte einmal, Hören führe in die Geborgenheit. Wenn ich mit den Ohren der Sehnsucht höre, dann fühle ich mich geborgen in einer Welt der Liebe und der Schönheit, in einer Welt des Klangs, der in mir selbst aufklingt und mich in Einklang bringt mit mir selbst, mit Gott und mit allem, was ist.

DER DUFT DER DINGE

Gerade der Geruchssinn hat für mich viel mit Sehnsucht zu tun.
Wenn ich Heu rieche, dann erinnert mich das immer an Ur-
laube. Der Geruchssinn ist immer schon stark mit Emotionen
verbunden. In Gesprächen mit Menschen spüre ich oft, dass sie
sich sehr genau an bestimmte Gerüche erinnern, an himmlische
Düfte, wenn sie das erste Mal in Italien waren und dort den be-
sonderen Geruch der Landschaft wahrgenommen haben, aber
auch an unangenehme Gerüche, die sie mit dem Keller verbinden, in dem sie immer Angst hatten. Wenn wir unser Riechen
mit der Sehnsucht verbinden, dann werden wir uns nicht nur an
bestimmte Erlebnisse erinnern, die uns bei diesem oder jenem
Geruch einfallen. Wir werden vielmehr etwas vom Geheimnis
selber riechen. In jedem Geruch liegt ein Duft von Liebe, von
Zuwendung, von Verzauberung, von Erfüllung. Christian Mor-
genstern sagte einmal: „Der Duft der Dinge ist die Sehnsucht,
die sie in uns nach sich erwecken." Der Dichter identifiziert den
Duft mit der Sehnsucht. Wenn ich Tannenzweige rieche, dann
liegt darin der Duft von Weihnachten. Aber es ist nicht nur die
Erinnerung an die Weihnachtsfeste, die mich schon als Kind tief
berührt haben. Es liegt in diesem Duft die Ahnung von Verzauberung. Die Welt wird anders. Der Duft führt mich über diese
Welt hinaus in eine Welt der Liebe, des Geheimnisses und der
Ekstase.

Der Tastsinn kann auch mit der Sehnsucht in Verbindung gebracht werden. Wenn ich ein zartes Gras betaste und es leicht
durch die Hand gleiten lasse, wenn ich nur in diesem einen Augenblick bin und dahinein meine ganze Sehnsucht lege, dann
werde ich nicht nur die Qualität des Grases erspüren. Ich erspü-
re vielmehr das Geheimnis des Seins. In diesem zarten Tasten
geht mir die Fülle des Seins auf. Ich berühre das, was sich nicht
mehr berühren lässt: das Unaussprechliche, Unbegreifliche,
Unberührbare – das Geheimnis Gottes selbst. Aber es braucht
Übung, so achtsam die Dinge zu betasten. Die höchste Form des
Betastens ist das liebevolle Streicheln der geliebten Frau oder
des geliebten Mannes. Auch da kommt es darauf an, dass wir in
das Streicheln unsere Sehnsucht hineinlegen. Dann wird es nie
langweilig. Dann kommen wir nie zum Ende. Denn im Streicheln erahnen wir die Liebe, die den ganzen Leib des anderen
durchdringt und uns durch seine Haut entgegenströmt.

Die Sehnsucht ist nicht – wie Sigmund Freud gemeint hat – ein Zeichen von Krankheit. Vielmehr ist die Sehnsucht der Ort, an dem wir das Leben intensiver erleben können. Die Sehnsucht nährt uns, die Sehnsucht verzaubert uns, die Sehnsucht lässt uns einverstanden sein mit der Durchschnittlichkeit unseres Lebens. Das Leben muss nicht all unsere Sehnsucht erfüllen. Es weckt unsere Sehnsucht. Damit überfrachten wir es nicht mit Erwartungen. Die Sehnsucht ist der Weg, in Frieden mit sich zu leben, ohne in Selbstzufriedenheit aufzugehen. Die Sehnsucht nährt unsere Seele, ohne uns in Sattheit träge werden zu lassen. Die Sehnsucht lässt die Dinge für uns erblühen. Sie lässt uns mit unseren Sinnen die Welt anders wahrnehmen. Die Sehnsucht ist der Weg, uns hier in dieser Welt daheim zu fühlen, ohne uns hier für immer einzurichten. Denn alles, was wir in der Sehnsucht spüren, weist uns über diese Welt hinaus. Die Sehnsucht verweist uns auf Gott, der allein unsere Sehnsucht zu stillen vermag. Wir müssen nicht immer beten, um mit der Sehnsucht in Berührung zu kommen. Alles, was wir schauen, hören, riechen, schmecken und betasten, weckt in uns die Sehnsucht nach dem Geheimnis, das uns jetzt schon berührt, das uns in seiner Fülle aber erst in Gott aufgehen wird.

ÜBER DEN AUTOR

Anselm Grün OSB, geboren 1945, Dr. theol., lebt in der Benediktinerabtei Münsterschwarzach. Er ist als geistlicher Berater und als Kursleiter tätig. Seine Bücher sind in mehr als 30 Sprachen übersetzt und erreichen weltweit Millionenauflagen. Anselm Grün zählt zu den meistgelesenen christlichen Autoren der Gegenwart.

Herder spektrum Band 7194

MIX
Papier aus verantwor-
tungsvollen Quellen
FSC® C083411
www.fsc.org

Gekürzte Neuausgabe der im Verlag Kreuz erschienenen Bände:
Vom Zauber des Augenblicks 978-3-7831-3226-7
Vom Zauber des Alltäglichen 978-3-7831-2877-2
Vom Zauber der Liebe 978-3-7831-2945-8
Vom Zauber des Lebens 978-3-7831-3355-4
Vom Zauber der Muße 978-3-7831-3082-9
Vom Zauber der Sehnsucht 978-3-7831-3463-6

Josef Pieper, Muße und Kult, München 1949

Verlag Herder GmbH 2014

Taschenbuchausgabe © Verlag Herder 2016
Alle Rechte vorbehalten
www.herder.de

Umschlaggestaltung: Designbüro Gestaltungssaal
Umschlagmotiv und Vignetten im Innenteil:
© Designbüro Gestaltungssaal
Satz: Layoutsatz Kendlinger Mediendesign
Herstellung: CPI books GmbH, Leck

Printed in Germany

ISBN 978-3-451-07194-2